V&R

Jeannette Eickmann / Dietmar Peter

# Kompetenzorientiert unterrichten im RU

## Bausteine zu den EPAs

2., durchgesehene Auflage

Vandenhoeck & Ruprecht

Bibliografische Information der Deutschen Nationalbibliothek

Die Deutsche Nationalbibliothek verzeichnet diese Publikation in der Deutschen Nationalbibliografie; detaillierte bibliografische Daten sind im Internet über http://dnb.d-nb.de abrufbar.

ISBN 978-3-525-70217-8

Weitere Ausgaben und Online-Angebote sind erhältlich unter: www.v-r.de



Satz: textformart, Göttingen
Druck und Bindung: ⊕ Hubert & Co, Göttingen

Gedruckt auf alterungsbeständigem Papier.

# Inhalt

Einleitung • 7

## Wahrnehmungs- und Darstellungsfähigkeit

„Heulen ist nicht mein Ding“ – Samuel Koch im Gespräch (Jahrgang 9 / 10) • 9

M1 • 11

Das „Wunder Natur“: Der fünfte Tag der Schöpfung (Jahrgang 5 / 6) • 14

M2 • 16

Schalke unser (Jahrgang 9/10) • 18

M3 • 20

Gott und die Klimaerwärmung (Jahrgang 7/8) • 21

M4 • 23

## Deutungsfähigkeit

Psalm 31 – In Gottes Händen geborgen (Jahrgang 5/6) • 24

M5 • 27

He's on His way (Jahrgang 5/6) • 29

M6 • 31

Die Arbeiter im Weinberg (Mt 20, 1–16) (Jahrgang 7/8) • 32

M7–M8 • 35

„Die Loveparade wurde zum Totentanz“ (Jahrgang 7/8) • 37

M9–M11 • 39

Dietrich Bonhoeffers Glaubensbekenntnis (Jahrgang 7/8) • 43

M12 • 45

## Urteilsfähigkeit

Sterbehilfe – Pro und Kontra (Jahrgang 9/10) • 46

M13 • 48

„Die anderen haben einen Papst und wir haben Martin Luther“ –
Evangelisch – Katholisch (Jahrgang 7/8) • 51

M14 • 53

Die Bergpredigt – ein Programm gegen Gewalt!? (Jahrgang 9/10) • 55

M15–M16 • 57

Hilfe, ich werde gemobbt (Jahrgang 7/8) • 60

M17–M18 • 62

Kirchenasyl für Roma in Rotenburg (Jahrgang 7/8) • 64

M19 • 67

## Dialogfähigkeit

Fiktive Interviews zum Thema „Beten“ (Jahrgang 5/6) • 69

M20–M21 • 71

Weltreligionen multimedial (Jahrgang 7/8) • 73

M22 • 75

Ausgepresst wie eine Zitrone – Nachhilfe durch Scientology (Jahrgang 9/10) • 76

M23–M24 • 79

„Mein Vater leidet an Demenz“ (Jahrgang 9/10) • 83

M25 • 85

## Gestaltungsfähigkeit

Hiob – eine Leidensgestalt (Jahrgang 9/10) • 87

M26 • 89

Psalm 139 (Jahrgang 9/10) • 90

M27 • 93

„Das Kreuz mit der Nächstenliebe“ –
Die Grafik „Überlaufen“ von Matthias Klemm (Jahrgang 5/6) • 94

M28 • 97

Gestaltung eines Kreuzweges (Jahrgang 9/10) • 98

M29 • 100

„Die gekrümmte Frau“ (Lk 13,10–13) – Jesus schafft Beziehungen (Jahrgang 7/8) • 103

M30–M32 • 106

# Einleitung

Kompetenzorientierung im Religionsunterricht war – ungesagt – schon immer Bestandteil guten Unterrichts, wenn es gelang, Wissen und Handeln miteinander zu verknüpfen. Neu ist allerdings, dass im Rahmen der aktuellen Debatte viel konsequenter auf das geschaut wird, was Schülerinnen und Schüler am Ende ihrer Lernzeit wissen und können sollen. Die damit einhergehende Veränderung für das Lehren und Lernen gründet sich in dem damit verbundenen Kompetenzbegriff. „Eine Kompetenz bezeichnet die Fähigkeit, durch Erfahrung und Lernen erworbenes Wissen und Können in immer wieder neuen Handlungssituationen selbstständig, verantwortungsbewusst und situationsangemessen anzuwenden" (Meyer, Hilbert: Leitfaden Unterrichtsvorbereitung, Berlin 2007, 148).

Entsprechend erhält die Anwendung des erworbenen Wissens und Könnens in lebensnahen „Anforderungssituationen" im Unterricht einen besonderen Stellenwert. Sie bedarf der Übung und Reflexion. Die Rolle der Unterrichtenden verlagert sich von der Instruktion hin zur Moderation, Beratung und Organisation des Kompetenzerwerbs. Die Aneignung von Kompetenzen benötigt Zeit und kann nie in einer Stunde abgeschlossen sein. So hat die kompetenzorientierte Unterrichtsplanung stärker als bisher die Unterrichtseinheit im Blick. Die Unterrichtsmaterialien sind darauf zu überprüfen, ob sie geeignet sind, um domänenspezifisches Wissen und Können zu erwerben und zu erproben.

Diese Vorüberlegungen bilden die Grundlage der nachfolgenden Unterrichtsbausteine. Sie beziehen sich auf die in den EPAs[1] benannten Kompetenzen, die im Kompetenzverständnis von Ulrich Hemel gründen. Er definiert religiöse Kompetenz als Globalziel religiöser Erziehung wie folgt: „Religiöse Kompetenz ist die erlernbare, komplexe Fähigkeit zum verantwortlichen Umgang mit der eigenen Religiosität in ihren verschiedenen Dimensionen und in ihren lebensgeschichtlichen Wandlungen" (Hemel, Ulrich: Religiöse Kompetenz als Globalziel religiöser Erziehung, Frankfurt/M. 1988, 674).

Die EPAs gliedern sich in fünf Kompetenzbereiche:

1. Wahrnehmungs- und Darstellungsfähigkeit – religiös bedeutsame Phänomene wahrnehmen und beschreiben
2. Deutungsfähigkeit – religiös bedeutsame Sprache und Zeugnisse verstehen und deuten
3. Urteilsfähigkeit – in religiösen und ethischen Fragen begründet urteilen
4. Dialogfähigkeit – am religiösen Dialog argumentierend teilnehmen
5. Gestaltungsfähigkeit – religiös bedeutsame Ausdrucks- und Gestaltungsformen verwenden.

Die benannten Kompetenzen greifen sowohl fachspezifische als auch übergreifende Fertigkeiten, Fähigkeiten, Bereitschaften und Problemlösungsstrategien auf. Sie bedürfen eines langfristigen Aufbaus (bis zum Ende der Oberstufe) und sind daher bereits in den Unterrichtsplanungen der Sekundarstufe I immer wieder

1 EPA = Einheitliche Prüfungsanforderungen Abitur

zu berücksichtigen und im Unterricht einzuüben. Der kumulative Aufbau der Kompetenzen ist auf Inhalte angewiesen. Die nachstehenden Bausteine stellen exemplarisch religiös relevante Lebenssituationen in den Mittelpunkt und versuchen diese als Lernanlässe didaktisch nutzbar zu machen. Die Bausteine sind sowohl für sich allein in einer Unterrichtsstunde als auch innerhalb einer Unterrichtseinheit (die weitere Kompetenzen fördert) denkbar.

Die Unterrichtsmaterialien sind wie folgt gegliedert: Vor jedem Material wird die mit dem Baustein anzustrebende Kompetenz benannt. Im Anschluss verdeutlichen die didaktischen und methodischen Hinweise die Intentionen der Bausteine. Die sich anschließenden Fragen und Impulse sind als konkrete Handlungsanweisungen für die Schülerinnen und Schüler formuliert und dienen dazu, bei diesen im Unterricht Lernhandlungen zu initiieren, die zur Ausbildung erwünschter Fähigkeiten und Kenntnisse führen. Ebenso deuten sie Möglichkeiten eines unterrichtlichen Vorgehens an. Die Lehrkraft trifft im Rahmen der Unterrichtsplanung unter Berücksichtigung der jeweiligen Lernausgangslage die Entscheidung über Art und Umfang der zu stellenden Fragen und Impulse. Abschließend werden Ideen zur Weiterarbeit benannt, die je nach Unterrichtsziel umgesetzt werden können.

Die Materialien und Impulse sind in allen Schulformen der Sekundarstufe I einsetzbar und stehen exemplarisch für kompetenzorientiertes Denken und Handeln im Religionsunterricht. Sie sollen Unterrichtsplanungen anregen, unterstützen und entlasten.

# „Heulen ist nicht mein Ding" – Samuel Koch im Gespräch

## Jahrgang 9/10

Am 4. Dezember 2010 stürzte der damals 23-jährige Samuel Koch bei der Fernsehsendung „Wetten, dass …?" in Düsseldorf bei einem Sprung über ein fahrendes Auto und zog sich dabei schwere Verletzungen an der Halswirbelsäule und dem Rückenmark zu. Mehrere Tage lag er im künstlichen Koma, bevor er zur Rehabilitation ins Paraplegiker-Zentrum in der Schweiz verlegt wurde. Koch, der seitdem querschnittsgelähmt ist und im Rollstuhl sitzt, hatte zuvor die Schauspielschule in Hannover besucht. Das Interview führte der Journalist und bekennende Christ Peter Hahne ein halbes Jahr nach dem Unfall mit Samuel Koch in der Schweiz.

Als Leser/in dieses Interviews (**M1**) lernt man Samuel Koch als einen optimistischen jungen Mann kennen, der positiv in die Zukunft blickt, obwohl sich sein Leben nach dem Unfall radikal verändert hat. Koch ist nicht verbittert, wenn er an seine Wette zurückdenkt, sondern zeigt Verantwortungsbewusstsein, indem er sagt, dass es ihn belaste, dass so viele Kinder diesen Unfall am Fernsehgerät miterlebt hätten. Was macht diesen jungen Mann aus, der heute noch engen Kontakt zu seinem ersten Pfleger hat und sogar der Patenonkel von dessen Tochter geworden ist? Befragt nach seinem Glauben, kommen interessante Facetten zum Ausdruck: Sein Wunderverständnis sowie seine Antwort auf die Frage, ob er bei seinem Unfall in Gottes Hand gewesen sei (der vor allem von Margot Käßmann nach ihrer Alkoholfahrt in Erinnerung gerufene Satz „Du kannst nicht tiefer fallen als in Gottes Hand" bezieht sich auf den Anfang eines Gedichtes von Arno Pötzsch, der Einzug gehalten hat ins Liedgut des Evangelischen Gesangbuchs EG 533; biblische Parallelen finden sich in Psalm 31,6 oder Lukas 23,46), laden dazu ein, näher beleuchtet zu werden. Samuel Koch zieht viel Kraft aus seinem Glauben, kann sich an Kleinigkeiten erfreuen, macht anderen Mut, entwickelt für sich selbst neue Ziele und hat Träume – wenn auch andere als vor seinem Unfall: „Man kann auf jedem Niveau klagen – aber auch glücklich sein."

Viele Schülerinnen und Schüler werden den Unfall von Samuel Koch am Fernseher „live" verfolgt haben und betroffen von den Folgen für den Studenten gewesen sein, sodass davon ausgegangen werden kann, dass noch immer Interesse an seinem Schicksal und seiner weiteren Entwicklung/Genesung besteht. Trotz aller persönlichen Dramatik ist Samuel Koch ein junger Mann, von dem Schülerinnen und Schüler „lernen" können: Zum einen ist aufgrund des geringen Altersunterschieds eine gewisse Nähe bereits vorhanden, zum anderen stehen Zehntklässler an einer entscheidenden Weggabelung, an der sie sich für eine Berufsrichtung entscheiden, Ziele, Träume für ihren weiteren Lebensweg entwickeln – wie auch Samuel Koch (vor seinem Unfall). Eine gewisse Empathiefähigkeit für die Situation des jungen Mannes kann deshalb vorausgesetzt werden. Anders als vielleicht viele Menschen, die mit Resignation, Bitterkeit, Lebensunlust usw. auf einen vergleichbaren Unglücksfall reagieren würden, lebt Samuel Koch ein beeindruckendes Beispiel von ungebrochenem Lebenswillen vor – auch begründet durch seinen Glauben. Koch wird nicht zu einem bemitleidenswerten Menschen degradiert, sondern erscheint stark und gefestigt. Diese Haltung könnte bei einigen Schülerinnen und Schülern Unverständnis, eventuell sogar Gefühle wie „Angst“ auslösen, die sicherlich schwer zu artikulieren sind. Für ablehnende Reaktionen sollte der Religionsunterricht genügend Raum lassen – ein Schicksalsschlag mit ähnlichen Folgen kann jede/n jederzeit treffen, sodass Schutzmechanismen aktiviert werden könnten. Das Interview bietet sich dennoch dazu an, die Situation des Samuel Koch als eine Situation wahrzunehmen, in der es um die Frage nach der Sinnhaftigkeit von Leben geht.

## Fragen und Impulse

- Lies den Artikel bzw. das Interview mit Samuel Koch (**M1**). Mit welchen Adjektiven würdest du ihn nach dem ersten Lesen beschreiben? Notiere diese in Einzelarbeit.
- Findet euch nun in Kleingruppen zusammen und tauscht euch über folgende Punkte aus: Welche verschiedenen Adjektive habt ihr gefunden? Ähnliche oder gegensätzliche? Systematisiert sie anhand von Oberbegriffen.
- Samuel Koch hat heute noch Kontakt zu seinem ersten Pfleger und ist Patenonkel von dessen Tochter geworden. Was könnte an dieser Begegnung so besonders gewesen sein?
- In den Zeilen 47–49 beschreibt Koch sein Verständnis von Wundern: „Ich glaube an Dinge, die nicht durch Wissenschaft oder Medizin erklärbar sind.“ Was könnte er damit meinen? Gibt es Wunder? Welcher Meinung seid ihr?
- Später spricht Samuel Koch davon, dass man auf jedem Niveau klagen, aber auch glücklich sein könne. Worüber könnte sich Koch in seiner jetzigen Situation freuen? Worüber freut ihr euch?
- Samuel Koch, der ein begeisterter Extremsportler war, beschreibt seine Lernerfahrung, dass Bewegung nicht alles im Leben sei. „Ich bin flexibel. Hauptsache, ich werde glücklich, egal mit was. Ich kann mich für alles begeistern.“ (Zeilen 83–84) Womit könnte er glücklich werden?
- Erstellt eine Gruppencollage zum Thema „Sinn des Lebens“.
- „Niemand kann tiefer fallen als in Gottes Hand“: Versucht dem Bildwort auf die Spur zu kommen. Schreibt es dazu in die Mitte eines DIN-A4-Blattes und notiert eure Gedanken, Assoziationen, Fragen … um das Bildwort herum. Welche Bedeutung könnte der Satz für leidende Menschen haben?
- In der Anfangszeit nach dem Unfall haben viele Menschen Samuel Koch geschrieben, um ihm Mut zu machen. Schreibt ihm eine fiktive E-Mail, in der ihr Position zu seinem Standpunkt beziehen, Fragen stellen könnt usw.

## Ideen zur Weiterarbeit

- Fiktives Gespräch zwischen Samuel Koch und einem Menschen, der in einer ähnlichen Situation lebensmüde ist
- Wie könnte ein verzweifelter Mensch Gott ansprechen? Formulierung eines möglichen Gebetes
- Analyse von Liedtexten zum Sinn des Lebens:
  - Die Fantastischen Vier: Tag am Meer
  - Rio Reiser: Sinn des Lebens
  - Ganz schön feist: Warum sind wir hier?
  - Madsen: Warum nicht jetzt?

## Samuel Koch im Interview mit Peter Hahne

# „Heulen ist nicht mein Ding“

Ein halbes Jahr nach seinem Unfall bei „Wetten, dass ..?“ tritt Samuel Koch wieder im TV auf. Sein Gespräch mit Peter Hahne bewegt. Die Zuschauer erleben einen Mann mit unheimlichem Optimismus. *Von Katharina Miklis*

Seine Stimme ist schwach und leise, aber seine Ansage deutlich: Samuel Koch will wieder gehen. Ein halbes Jahr nach seinem schweren Unfall bei „Wetten, dass ..?“ ist Koch in Peter Hahnes gleichnamiger Sendung im ZDF zu Gast und gibt sein erstes TV-Interview vor malerischem schweizerischem Bergpanorama. Der 23-Jährige sitzt Hahne im Rollstuhl gegenüber. Die Arme hängen im hellblauen Hemd schlaff herab. Nur den Kopf kann er bewegen, er wird von einer stabilen Manschette gesichert. Kochs Gesicht ist schmal, aber sein Blick offen und fast schon fröhlich.

Peter Hahne ist in die Schweiz gereist, wo sich Samuel Koch einer Reha unterzieht. Der junge Mann selbst hat das Gespräch mit dem ZDF-Journalisten gesucht. Vor allem, um öffentlich für die Anteilnahme zu danken. Seine Sätze sind kurz. Immer wieder macht er kleine Pausen. Das Ausmaß der Unterstützung durch die Menschen in Deutschland habe er sich nie vorstellen können. Er bekomme unzählige Mails, Kinder schrieben Gedichte, erzählt er. Sogar ein Stern wurde ihm geschenkt, 136 Lichtjahre entfernt.

## Ein halbes Jahr nach dem Sturz

Sechs Monate ist es her, dass Koch in der Show von Thomas Gottschalk bei dem Versuch, mit Sprungstelzen über ein fahrendes Auto zu springen, so schwer stürzte, dass er eine Querschnittslähmung erlitt. Gemeinsam mit Hahne lässt er die Vorbereitungen zu dem Stunt, der sein Leben veränderte, Revue passieren. 500 bis 600 Mal habe er auf diese Weise vor der Show Autos übersprungen, sagt der 23-Jährige. Noch nie habe er für einen Wettkampf derart trainiert. Er habe sogar überlegt, sich bei dieser Wette die Augen verbinden zu lassen, um das Ganze noch spannender zu machen. „Jeder Skiurlaub, den ich gemacht habe, war definitiv riskanter als dieses Autogehüpfe“, so der ehemalige Soldat und Stuntman. „Ich würde die Wette noch einmal machen.“ Später wird er nachdenklicher. Es belaste ihn, dass auch viele Kinder diesen Unfall gesehen haben, diese „unschönen Bilder“. „Es ist mir unangenehm, dass ich da die Show kaputt gemacht habe.“

Die Erinnerungen an seinen Unfall seien verschwommen, sagt Koch. Er erinnert sich an den ersten Pfleger, den er nach seinem Aufwachen wahrnahm. Sie haben heute noch engen Kontakt. Koch ist sogar der Patenonkel der Tochter.

## Die Kraft des Glaubens

Den bekennenden Christen Hahne interessiert vor allem der Glaube, der Koch in der Zeit nach seinem Unfall geholfen haben soll. Er zitiert einen Bibelvers: „‚Niemand kann tiefer fallen als in Gottes Hand.' Als Ihnen das passiert ist", fragt Hahne, „waren Sie da in Gottes Hand?" Der 23-Jährige lächelt: „Ich atme, also auf jeden Fall. Ich bin noch weich gelandet, es hätte schlimmer kommen können." Samuel Koch ist einer, der nicht aufgibt. Einer, der Mut macht, weil er so positiv ist, trotz seines Schicksals. „Ich erkenne mich zum Teil selbst nicht wieder", erzählt er, und man fürchtet fast, die positive Stimmung könnte kippen. Doch Samuel schiebt sofort hinterher: „Gott sei Dank ist mein Gehirn noch gleich und ich bin der Alte."

„Woher nehmen Sie die Kraft?", fragt Peter Hahne. Gemeinsam mit seiner Familie habe er in den vergangenen Monaten viel gebetet und die Bibel gelesen, so Koch. „Glaube ist gerade jetzt für mich die einzige Alternative." Ob er an Wunder glaube, will der ZDF-Journalist wissen. „Ich glaube an Dinge, die nicht durch Wissenschaft oder Medizin erklärbar sind", verrät Koch. „Meine Lunge funktioniert. Ich denke, über Wunder spricht man nicht, man hofft darauf."

Immer wieder wandert Kochs Blick über die Schweizer Landschaft im Hintergrund. Die Berge, der See. Die Reha in dieser „wunderbaren Gegend" machen zu dürfen, bedeute ihm viel. Er, der Junge, der sich immer viel bewegt hat, der Extremsportler, der von einem Tag auf den anderen an einen Rollstuhl gefesselt wurde. Ob er zwischendurch mal die Hoffnung verloren habe? Nein, nie. „Zu keinem Zeitpunkt, das kam nicht in Frage". Aber: „Wenn ich den See hier sehe, dann würde ich so gerne mal wieder reinspringen," sagt Koch. Manchmal wäre er aber auch schon froh, wenn er sich einfach an der Nase kratzen könnte. Samuel lacht. Er lacht viel, auch mit seinen Freunden, der Familie. „Das Lachen verlernen? Das wäre doch doof", meint Koch. Lachen mache ihm mehr Spaß als traurig sein. „Heulen ist nicht mein Ding. Man kann auf jedem Niveau klagen – aber auch glücklich sein."

## Samuel hat Ziele

Seinen Rollstuhl steuere er mit den Schultern und den Bizeps in den Oberarmen. In den Händen spüre er lediglich „ein bisschen Tiefensensibilität". Gerne würde er mal in eine der vielen Schulklassen gehen, die ihm zur Aufmunterung geschrieben haben und den Kindern im Biounterricht etwas über seinen Fall erklären. Samuel Koch hat Ziele. „Es kann jetzt nur noch aufwärts gehen, deswegen freue ich mich auf die Zukunft." Ob der Unfall ihm vielleicht auch Perspektiven geöffnet habe, will Hahne wissen. Eine seltsame Frage. Samuel überlegt lange: „Wenn das alles hier wieder klappt, mit meinen Zehen und den Beinen, werde ich das Leben auf jeden Fall noch mehr genießen."

Peter Hahne konnte in seiner sonntäglichen Mittagssendung, die er seit einem Jahr aus Berlin sendet, schon einige Überraschungsgäste begrüßen. Margot Käßmann gab dem 58-Jährigen ihr erstes TV-Interview nach ihrer Alkoholfahrt, Bettina Wulff ihr erstes seit dem Amtsantritt ihres Mannes. Samuel Kochs Auftritt war sicherlich der bewegendste: Am Pfingstmontag, erzählt Koch, da habe er erstmals seinen kleinen Zeh bewegen können. Die ganze Familie tanzte und sang um sein Bett herum. „Ich kann zumindest glücklich sagen, dass der Heilverlauf bisher zu keinem Moment stagniert hat."

Im September wird Koch 24. Er träumt davon, bis dahin die Reha-Klinik verlassen zu können. „Erzwingen kann ich es nicht", sagt er. „Ich arbeite darauf hin. Man muss aber realistisch bleiben." Er habe aber auch in der Zeit nach seinem Unfall gelernt, dass es Wichtigeres gebe, als sich zu bewegen. „Ich bin flexibel. Hauptsache, ich werde glücklich, egal mit was. Ich kann mich für alles begeistern."

*http://www.stern.de/lifestyle/leute/samuel-koch-im-interview-mit-peter-hahne-heulen-ist-nicht-mein-ding-1699609.html, Zugriff am 10.01.2012*
*© Katharina Miklis, stern.de*

Ein Freund weist dich auf einen Artikel hin, in dem über Samuel Kochs erstes Interview nach seinem Unfall in der Fernsehsendung „Wetten, dass ...?" berichtet wird. Er sagt: „So ein Leben hat doch gar keinen Sinn mehr." Lies den Artikel und formuliere eine Antwort.

# Das „Wunder Natur“: Der fünfte Tag der Schöpfung

## Jahrgang 5/6

nach einer Idee von Rainer Merkel

Das Beispiel „Wunder Natur: Der fünfte Tag der Schöpfung“ versteht sich als Verknüpfung des Staunens über die Vielfalt der Schöpfung mit der Bewusstmachung des daraus abzuleitenden Auftrags an die Menschen, Verantwortung für diese Vielfalt zu übernehmen.

Schülerinnen und Schüler der Jahrgänge 5/6 sehen sich häufig mit einer ambivalenten Situation konfrontiert: Einerseits nehmen sie die zunehmende Zerstörung der Natur/Umwelt bewusst wahr, andererseits sehnen sie sich nach einer heilen Welt. Zum einen zeichnet sie oftmals eine große Tierliebe aus, die sich beispielsweise in großem Unverständnis gegenüber Tierversuchen oder nicht artgerechter Tierhaltung äußert, zum anderen ist häufig ein eigener beginnender unachtsamer Umgang mit der Natur auszumachen. Einige werden in einem intensiv erlebten Verbundensein mit der Natur aufwachsen, einige sich eher in einer virtuellen Welt – weit entfernt vom Leben in und mit der Natur – zu Hause fühlen. Zudem werden sie zunehmend mit naturwissenschaftlichen Erkenntnissen über die Entstehung der Welt konfrontiert, sodass von einer großen Verunsicherung seitens der Zehn- bis Zwölfjährigen ausgegangen werden kann, wie sie die in der Grundschule erfahrenen Schöpfungsbekenntnisse verbinden sollen mit den neuen sie umgebenden, vielleicht verwirrenden Eindrücken. Diese Lernausgangslage nimmt das vorliegende Material (**M2a** und **M2b**) auf: Es geht davon aus, dass Schülerinnen und Schüler die inhaltsbezogene Kompetenz (Beschreibung des Auftrags zur Bewahrung der Schöpfung) nur dann erreichen können, wenn sie die Natur bewusst wahrnehmen, darin religiöse Spuren (wieder-)erkennen und sich daraus eine Perspektive der Achtsamkeit und der Wertschätzung entwickeln kann. Derart sensibilisiert kann ein persönlicher Einsatz für den Erhalt der Schöpfungsvielfalt formuliert werden und in ein konkretes Projekt münden, das die Schülerinnen und Schüler nicht ohnmächtig zurücklässt, sondern sie zu aktiv Handelnden macht.

Das Material (**M2a**) und das Bild der Krähe (**M2b**) bieten sich dazu an, die biblische Schöpfungserzählung 1. Mose 1,1–2,4a, hier besonders den fünften Tag, prozesshaft mit der eigenen Lebenswelt zu verknüpfen. Aus der Sicht der Krähe wird beschrieben, was bereits alles erschaffen worden ist – so viel, dass die Krähe mehrere Tage durch die Welt zieht und staunt. Dieses Staunen über die für die Schülerinnen und Schüler alltägliche Natur wird nun durch die schreibende Perspektivenübernahme von ihnen selbst erwartet. Dazu erhalten die Kinder das Arbeitsblatt mit der Krähe (**M2b**) und schreiben deren Gedanken und Eindrücke in die Sprechblase. Diese eher meditative Phase kann durch leise Hintergrundmusik (z. B. Edvard Griegs „Morgenstimmung“ aus Peer Gynt) unterstützt werden. Sensible Schülerinnen und Schüler werden „auf ihrem Spazierflug“ sicherlich auch Phänomene der Zerstörung wahrnehmen – eine Sicht, die die Lehrkraft aufgreifen sollte. Wird diese nicht benannt, sollte sie durch die Lehrkraft z. B. durch einen Zeitsprung thematisiert werden. Durch diesen Schritt wird den Schülerinnen und Schülern die Relevanz des Schöpfungsauftrages deutlich.

## Fragen und Impulse

- Tagelang streifst du als Krähe umher:
  - Was siehst du?
  - Was hörst du? Welche unterschiedlichen Geräusche kannst du ausmachen?
  - Welche gefallen dir? Welche findest du eher unangenehm?
  - Was riechst du?
  - Wie schmecken die Gräser, Blätter ...?
- Sicherlich lässt du dich an verschiedenen Orten nieder, um Pause zu machen:
  - Wie fühlt sich der Boden unter deinen Krallen an?
  - Welche unterschiedlichen Landschaften findest du vor?
- Du machst einen Zeitsprung von 2000 Jahren: Was hat sich verändert, wenn du jetzt durch die Gegend streifst?
- Gestalte ein Plakat, das die Forderung zur Bewahrung der Natur zum Ausdruck bringt.

## Ideen zur Weiterarbeit

- Durchführung eines Staun-Spazierganges mit dem Schöpfungspsalm 104 (in: Loccumer Pelikan 1/09, 25–31 bzw. www.rpi-loccum.de/sek1_emrich.html, Zugriff am 11.01.2012)
- Initiierung eines Projektes zum Umweltschutz (z. B.: Wasser ist Leben)
- Lesen des Schöpfungsauftrages in Gen 1, 28: Problematisierung des Herrschens
- Diskussion darüber, inwieweit es gut ist, dass Menschen über Tiere herrschen. Wie müsste dann der Schöpfungsauftrag verstanden/umgesetzt werden?

# Der fünfte Tag

Es war am fünften Tag der Schöpfung. Sie konnte es noch gar nicht fassen. Unter all den neu geschaffenen Wassertieren und Vögeln war auch sie: eine kohlrabenschwarze Krähe.

Warum hatte es Gott gefallen, eine Krähe zu schaffen? Sie wusste es nicht. Sie wusste nur, dass es wunderschön war, mit dem Wind aufzusteigen und hoch über der Erde zu schweben oder sich unter lautem Geschrei auf dem Ast eines blühenden Baumes niederzulassen. Das war schon was. Am meisten interessierte sie sich für die vielen verschiedenen Gräser und Kräuter, für die Bäume mit all den unterschiedlichsten Früchten und für alles, was es sonst noch zu entdecken gab auf dieser fruchtbaren Erde. Wasser gab es auch, große und kleine Seen, Flüsse und dann noch das gewaltige Meer. Tagelang strich sie so umher.

* * *

Die Krähe, nachdem sie alles ausprobiert hatte, was sie selber konnte, schrie laut über die Wipfel hinweg: Es ist schön, am Leben zu sein. Es ist gut, so zu sein, wie ich bin. Und sie schrie es immer und immer wieder, so lange, bis sie schließlich vor lauter Heiserkeit nur noch krähen, nur noch krächzen konnte. Und bis heute ist das so geblieben. Eine Krähe kann nur krächzen. Aber jeder Krächzer ist ein Freudenschrei über die Schöpfung, über den fünften Tag.

*© Eckart Bücken*

Die Geschichte erzählt von dem „Wunder Natur“ aus der Sicht einer Krähe. Leider ist der Mittelteil der Erzählung verloren gegangen! Nun wissen wir nicht, was die Krähe alles auf ihren Entdeckungsflügen sieht, riecht, schmeckt, ... und worüber sie vor allem staunt. Versetzt euch in die Lage der Krähe. Denkt daran, dass die Krähe tagelang umherstrich. Schreibt die Gedanken und Eindrücke ihres Entdeckungsfluges in die Gedankenblase auf dem Arbeitsblatt und stellt einander eure Ergebnisse vor.
Tauscht euch anschließend darüber aus: Warum hat der Mensch den Auftrag bekommen, die Schöpfung zu bebauen und zu bewahren?

© *Tamara Harmsen*

# Schalke unser

## Jahrgang 9/10

In verschiedenen Veröffentlichungen wird Fußball in die Nähe von Religion gerückt. Dabei hängt es vom vorausgesetzten Verständnis von Religion ab, ob und wie viel Religion man im Fußball entdecken kann. Versteht man Religion von ihrer Funktion her (und nicht von ihren inhaltlichen Merkmalen, die sich von anderen Kulturmerkmalen unterscheiden), eröffnet sich ein weiter Raum. Religion übernimmt eine Funktion, die für die Gesellschaft unentbehrlich ist. Von Religion wird dort gesprochen, wo Sinnfragen thematisiert werden oder wo es um die Integration der Gesellschaft oder von Gruppen geht. Von diesem Verständnis ausgehend findet man in der Welt des Fußballs viele symbolische Elemente und Riten, die sich mit kirchlicher Liturgie und christlicher Glaubenspraxis vergleichen lassen. Fans statten ihre Kleidung mit dem Aufnäher „Fußball ist Religion" aus, Spieler bekreuzigen sich beim Betreten des Rasens, man spricht vom heiligen Rasen, der HSV richtet in Stadionnähe einen eigenen Friedhof mit Gräberfeldern im Rautendesign entsprechend des Vereinszeichens ein oder das Fan-Magazin des FC Schalke 04 heißt „Schalke Unser". „Leuchte auf, mein Stern Borussia, leuchte auf, zeig mir den Weg." Die Hymne der „Bajucken vom Borsigplatz" (Borussia Dortmund) nutzt die Melodie des alten Kirchenliedes „Amazing Grace". Es gleichen sich der Vereinsschal auf der Tribüne und die Stola am Altar, der im Jubel hochgehaltene Pokal und die Monstranz in den Händen des Priesters. Der Wechselgesang zwischen dem Vorsänger auf der Tribüne und den Fans erinnert an kirchliche Liturgie.

Vielen Schülerinnen und Schülern sind die Rituale der Fußballstadien vertraut, sie kennen sich aus mit der Liturgie eines Fußballspiels und einzelne Jugendliche gestalten ihre Zimmer als Kulträume ihres Vereins, in denen Nähe zum geliebten Identifikationsobjekt symbolisch hergestellt wird. Aufgrund dieser Nähe vieler Schülerinnen und Schüler zur Welt des Fußballs ist es besonders produktiv hieran im Religionsunterricht anzuknüpfen.

Das „Schalke unser" (**M3**) steht als exemplarisches Beispiel für die Verbindungen zwischen Fußball und Religion. In der Vermischung des „Vater unser" und des Vereinskults auf Schalke hat sich ein „Gebet" entwickelt, das von vielen Fans vor jedem Spiel gesprochen wird. Im Gegensatz zum im Gottesdienst gesprochenen Gebet, das viele Schülerinnen und Schüler kaum nachempfinden können, bietet sich das „Schalke unser" grundsätzlich an, um über das Thema Gebet ins Gespräch zu kommen und daran exemplarisch Vergleiche zwischen der christlichen Religion und einer „zivilen Ersatzreligion" wie dem Fußball herzustellen.

Im Unterricht mit dem Material (**M3**) ist es wesentlich, dass den Schülerinnen und Schülern zunächst ausreichend Raum zur persönlichen Auseinandersetzung mit dem Text zugestanden wird. Dazu können die zum Text gestellte Frage oder die einleitend unter der Überschrift „Fragen und Impulse" zusammengefassten methodischen Möglichkeiten genutzt werden. Ziel ist es, dass die Schülerinnen und Schüler zunächst wahrnehmen, dass das „Schalke unser“ (**M3**) eine enge Beziehung zu Religion hat. Davon ausgehend sollen sie eine eigene begründete Position entwickeln. Die Positionen werden vermutlich sehr unterschiedlich sein. Einigen Schülerinnen und Schülern wird der Ursprungstext bekannt sein, andere werden keine Parallelen zum „Vater unser“ entdecken. Dies wird sich in den Äußerungen widerspiegeln und lässt Rückschlüsse auf die Lernausgangslage zu. Diese bestimmt die anschließende Auseinandersetzung mit dem „Vater unser“. Methodische Möglichkeiten hierzu können unter der Internetadresse www.rpi-loccum.de/petvat.html, Zugriff am 11. 01.2012, abgerufen werden.

Ausgehend von den eingangs formulierten Standpunkten und den in der Auseinandersetzung mit dem „Vater unser“ gewonnenen Erkenntnissen ist die Frage zu klären, was letztlich ein Gebet als Gebet kennzeichnet und ob das „Schalke unser“ (**M3**) als solches bezeichnet werden kann. Hierbei könnte die Frage produktiv sein, an wen sich die beiden Gebete jeweils richten und welche Motive die einzelnen Beterinnen und Beter mit den Gebeten verbinden. Ebenso wird zu reflektieren sein, welche Funktion Fußball für einzelne Menschen hat und inwieweit man dabei von einer Ersatzreligion sprechen kann. Die Diskussion der Fragen leitet abschließend in die Erörterung eines eigenen Standpunkts über.

## Fragen und Impulse

- Schreibt drei spontane Gedanken auf, die euch beim Hören des “Schalke unser“ (**M3**) durch den Kopf gingen.
- Tauscht euch über den Text zu zweit oder zu dritt in einem Schreibgespräch aus.
- Schreibt einem Freund eine SMS, die den Text des „Schalke unser“ (**M3**) mit 160 Zeichen wiedergibt.
- Überlegt, warum die Schalke-Fans diese Worte sprechen.
- Vergleicht den Text mit dem zugrunde liegenden Text der Bibel (Mt 6, 9–15).
- Benennt Gemeinsamkeiten und Unterschiede und diskutiert diese.
- Handelt es sich beim „Schalke unser“ um ein Gebet? Nehmt Stellung.
- Der Text soll in einem Kapitel eines Religionsbuchs veröffentlicht werden. Welche Informationen und Materialien müssten in dem Kapitel unbedingt aufgenommen werden? Formuliert Argumente für den Verlag.

## Ideen zur Weiterarbeit

- Sammeln von Fußballritualen und Vergleich mit kirchlicher Praxis
- Erarbeitung und Durchführung einer Befragung von Mitschülerinnen und Mitschülern aus anderen Klassen zum „Schalke unser“ (**M3**)
- Pro- und Kontradiskussion zum Thema „Fußball ist Religion“
- Standbilder zu Gesten und Haltungen religiöser Praxis im Vergleich zu Standbildern zu Gesten und Haltungen aus einem Fußballstadion
- Sammlung von Texten, Fotos, Videoclips und Musik, die einen Bezug zu religiösen Ausdrucksformen herstellen

# Schalke unser

*Foto: Peter Röben, „Nochmal Nordkurve", CC-Lizenz (BY 2.0)*
*http://creativecommons.org/licenses/by/2.0/de/deed.de*

Schalke unser im Himmel
Du bist die auserkorene Mannschaft
verteidigt werde Dein Name
Dein Sieg komme

wie zu Hause so auch auswärts
unseren üblichen Heimsieg gib uns immer

und gib uns das „Zu Null"
so wie wir Dir geben die Unterstützung
und niemals vergib denen aus der Nähe von Lüdenscheid
wie auch wir ihnen niemals vergeben werden

und führe uns stets ins Finale
denn Dein ist der Sieg und die Macht und die Meisterschaft in Ewigkeit

Attacke!

**Im Stadion hörst du, wie einige Fans von Schalke 04 gemeinsam das „Schalke unser" sprechen. Ein Freund zeigt auf eine Gruppe in eurer Nähe und sagt: „Mensch, was machen die denn da?" Formuliere eine Antwort.**

# Gott und die Klimaerwärmung

## Jahrgang 7/8

Heutige Kinder und Jugendliche stellen die erste Generation dar, die die Folgen der globalen Klimaerwärmung in ihrem vollen Ausmaß erfahren werden. Entsprechend hoch ist die Sensibilität bei Schülerinnen und Schülern für das Thema. So zeigt eine Umfrage der Jugendzeitschrift „Bravo" aus dem Jahr 2009 („Bravo goes Green"), dass über 80 Prozent der befragten Schülerinnen und Schüler bereit sind, für den Schutz des Klimas auf Annehmlichkeiten zu verzichten. Im Blick auf das Umweltwissen erlangten nach der OECD-Erhebung „Green at Fifteen?" 22,9 % der 15-jährigen Schülerinnen und Schüler in Deutschland die Note sehr gut. Damit liegt Deutschland im Ländervergleich auf Platz 7. Obwohl deutsche Schülerinnen und Schüler damit über dem OECD-Schnitt liegen, fehlt 14 Prozent der Schüler umweltbezogenes Grundwissen. Das Thema lässt sich im Unterricht allerdings nicht auf Wissen reduzieren. Betroffenheit und Befürchtungen spielen bei Kindern und Jugendlichen eine ebenso große Rolle.

Im Unterricht geht es daher sowohl um kognitive als auch um affektive Dimensionen des Themas. Ausgehend vom Material (**M4**) steht die Frage im Mittelpunkt, inwieweit es für Christen geboten ist, zu Themen wie dem Klimawandel Position zu beziehen und sich für die Bewahrung der Schöpfung einzusetzen. Bedeutsam könnte auch die Frage sein, ob der Einsatz für die Schöpfung gegen die „eigentlich wichtigen christlichen Themen" ausgespielt werden darf und welches Schöpfungsverständnis dem Text zugrunde liegt.

Grundlegend für die Urteilsfindung ist die Auseinandersetzung mit der ersten Schöpfungserzählung (Gen 1,1–2,4a). Diese dürfte den Schülerinnen und Schülern aus den vorhergehenden Jahrgängen bekannt sein. Im Sinne eines Spiralcurriculums fokussiert die unterrichtliche Arbeit mit dem vorliegenden Text das lebensförderliche Verständnis der biblischen Botschaft und die sich daraus ergebende Verantwortung des Menschen. Demnach besteht Gottes Schöpfungsauftrag an den Menschen als Ebenbild Gottes darin, der Welt in Ehrfurcht vor dem Geschaffenen zu begegnen, sie zu gestalten, zu nutzen und ihrer Erhaltung zu dienen. Darin zeigt sich die Würde des Menschen und zugleich seine Begrenzung.

Wenn Jugendliche bereit sind, sich im oben genannten Sinne für die Schöpfung zu engagieren, korrespondiert das mit dem biblischen Schöpfungsauftrag. So ist es didaktisch in besonderer Weise plausibel, wenn eine religiös begründete Ablehnung des Engagements für die Schöpfung als lebensfeindliche Form von Religion herausgearbeitet wird. Die Frage, inwieweit ein solches Verständnis aus der biblischen Botschaft abzuleiten ist, ist dabei mit zu bedenken.

Ein weiterer Zugang könnte die Auseinandersetzung mit Texten der Propheten (z. B. Amos) sein, die Missstände anprangern. Demnach darf es nicht sein, dass einige sich die Erde auf Kosten anderer untertan machen und in schreiendem Widerspruch zu den Anweisungen, die

Gott den Menschen in seinem Gesetz gegeben hat, handeln.

Die nachstehenden Fragen und Impulse sind als mögliche Strukturierungshilfen für den Unterricht zu verstehen. Zu berücksichtigen ist, dass einzelne Schülerinnen und Schüler im Kontext des Themas ggf. fundamentalistische christliche Positionen vertreten könnten. Diesen ist sensibel und nicht mit Ablehnung zu begegnen. Wesentlich ist, dass alle Schülerinnen und Schüler motiviert werden, ihre jeweiligen Positionen in den Diskurs einzubringen.

## Fragen und Impulse

- Beschreibe mit deinen Worten die im Artikel dargestellte Position.
- Informiere dich über fundamentalistische Christen im Internet. Welche weiteren Positionen vertreten sie?
- Versuche herauszufinden, ob die dargestellte Position (**M4**) mit der Bibel übereinstimmt. Du findest etwas darüber in der Schöpfungserzählung (Gen 1, 1–2,4a).
- Lies den genannten biblischen Text: Welchen Auftrag bekommt der Mensch?
- Lässt sich die Position der fundamentalistischen Christen (**M4**) aus der Schöpfungserzählung ableiten? Begründe.
- Beschreibe die Konsequenzen der genannten Position (**M4**) für uns Menschen und die Erde.
- Schreibe eine fiktive E-Mail an fundamentalistische Christen in den USA. Beschreibe darin den biblischen Schöpfungsauftrag und welche Konsequenzen er für die Lebensgestaltung der Menschen hat.

## Ideen zur Weiterarbeit

- Recherchieren der Positionen der evangelischen und der katholischen Kirche zum Klimawandel
- Verfassen eines Werbeslogans gegen den Klimawandel unter Berücksichtigung der Position der evangelischen bzw. katholischen Kirche
- Planung einer Aktions- bzw. Projektwoche zum Thema „Bewahrung der Schöpfung“

# Gott und die Klimaerwärmung

Fundamentalistische Christen in den USA zeichnen sich auch dadurch aus, dass für sie Klimaerwärmung keine wirkliche Bedrohung darstellt. Gott hat die Welt und das Leben in ihr bis hin zum Menschen mehr oder weniger vollendet geschaffen, weswegen größere evolutionäre Veränderungen oder katastrophale Zufälle im Plan der göttlichen Vorhersehung keine Rolle spielen. Es wäre schon ein Frevel aus dieser Sicht, wenn man es für möglich hält, dass Gott die für den Menschen geschaffene Welt durch deren eigene Aktivitäten über eine Klimaerwärmung gefährden lassen könnte. Also haben in der gegenwärtigen Aufregung nach dem UN-Klimabericht mehrere konservative christliche Gruppen einen Brief an ihre Kollegen von der National Association of Evangelicals (NAE) geschickt, um diese aufzufordern, nicht mehr über die Klimaerwärmung die eigentlich wichtigen christlichen Themen (z. B. Kampf gegen Abtreibung und Homosexualität und für Familie und Abstinenz vor der Ehe) zu verdrängen.

*© Heise Zeitschriften Verlag, Florian Rötzer*

*© Cheryl Empey – stock.xchng*

*© abcdz 2000 – Stock.xchng*

Der Ausschnitt aus einem Zeitungsartikel beschreibt die Position fundamentalistischer Christen in den USA zur Klimaerwärmung. Lassen sich in der Schöpfungserzählung (Gen 1, 1–2,4a) Hinweise darauf finden, dass Christen zu einem Thema wie dem Klimawandel Position beziehen sollten?

# Psalm 31 – In Gottes Händen geborgen

## Jahrgang 5/6

Während im Religionsunterricht der Grundschule die Arbeit mit einzelnen Psalmworten im Vordergrund steht, sieht das vorliegende Material die Arbeit mit einem ganzen Psalm vor, der unterschiedliche religiöse Sprachformen beinhaltet.

Kindern der Klassenstufen 5 und 6 wird durch unterschiedliche Erlebnisse zunehmend bewusst, dass sie in ihrem Alltag an Grenzen stoßen. Sie machen widersprüchliche Erfahrungen, die sie häufig sprachlos machen. Ihnen fehlen Worte, um sich ihrer Stimmungen und Gefühle bewusster zu werden und diesen Ausdruck zu verleihen. „Die Psalmen leihen nicht nur Kindern, sondern auch Jugendlichen und Erwachsenen ihre Sprache, so dass Erfahrungen, die sonst sprachlos geblieben und ins Unbewusste abgesunken wären, nun ans Licht kommen und bearbeitet werden können" (Baldermann, Ingo u. a.: Religion 5/6 – Hoffnung lernen. Lehrerband, Stuttgart 1996, 17).

Der Psalm 31 (**M5**) gehört zu den Klagepsalmen, die zugleich durch den Ruf nach Rettung vor Feinden und Verfolgung im Vertrauen auf Gott gründen. Als ursprüngliches Lied gehört der Psalm zu den poetischen Gattungen. Daher bilden die Wahrnehmung der Klang- und Rhythmusformen sowie der Bildlichkeit der Metaphorik Zugänge zu einem nachhaltig strukturellen sprachlichen Verstehen.

Betrachtet man den Psalm genauer, so können die Verse 2–6a als einleitendes Vertrauensgebet mit eingebetteter Bitte bezeichnet werden. Die Verse 6b-9 beinhalten ein erstes Dankgebet, die Verse 10–19 stellen das Klagegebet dar. Die Verse 20–23 formulieren ein zweites Lob- und Dankgebet, während die Verse 24–25 als eine abschließende Mahnung an alle Frommen verstanden werden können.

Manche Schülerinnen und Schüler der Jahrgänge 5/6 werden sicherlich Probleme mit der Sprache der Luther-Übersetzung haben. Auf www.bibleserver.com oder www.die-bibel.de/online-bibeln (Zugriffe am 10.01.2012) sind verschiedene Übersetzungen zu finden (geeignet sind z. B. *Hoffnung für alle* oder gerade für den Psalm 31 die *Zürcher Bibel*), die möglicherweise verständlicher für den Unterricht sind.

Wichtig im Umgang mit dem Psalm (**M5**) ist das Herausarbeiten der unterschiedlichen Stimmungen bzw. Haltungen des Beters als existenzielle Erfahrungen in Kleingruppen. Sie korrespondieren mit den religiösen Sprachformen der Bitte, des Vertrauens, der Klage und des Dankes, die sich alle an Gott richten. Ziel ist es, dass sich die Schülerinnen und Schüler in die Lage des Betenden hineinversetzen und Situationen imaginieren, in denen jemand sich in dieser Art und Weise an Gott wendet. Da Klage und Lob, Bitte und Dank nicht unbedingt als bekannt vorausgesetzt werden können und dann das Wiederfinden dieser Elemente im Psalm nur erschwert möglich ist, bedarf es einiger unterrichtlicher Vorbereitungen: Körperübungen verschiedenster Art können die Schülerinnen und Schüler prozesshaft darin unterstützen, ein Gespür dafür zu bekommen, was es heißt zu danken, zu klagen etc. Eine Möglichkeit ist das Durchschreiten des Raumes im eigenen Tempo, ohne Kontakt zu den anderen im Raum aufzunehmen. Große Lerngruppen können geteilt werden. In mehreren Durchgängen bringen die Schülerinnen und Schüler nacheinander auf einen Impulsklatscher der Lehrkraft hin mit Mimik, Gestik und Körperhaltung zum Ausdruck, was es bedeutet, jemand oder etwas zu loben, etwas zu (be-)klagen, um etwas zu bitten oder zu danken und „frieren" in diesen Positionen jeweils kurz „ein". Verschiedene Darstellungsmöglichkeiten können danach von allen Schülerinnen und Schülern probeweise eingenommen werden, um ein Verständnis für die Vielfältigkeit anzubahnen. Weiterhin können sich im Anschluss Zweier- oder Dreiergruppen bilden, die arbeitsteilig je einen prägnanten Satz bzw. Ausruf zu Klage, Lob, Dank und Bitte sowie eine passende Ausdrucksweise für diesen finden. Die Präsentation kann als Klangbild dargeboten werden: Die Lehrkraft fungiert als Dirigent/in und kann somit das Klangvolumen variieren. Die gesamte Lerngruppe kann abschließend erörtern und begründen, welche Ausdrucksform für welche Sprachform angemessen ist.

Derart sensibilisiert kann Psalm 31 (**M5**) auf unterschiedlichen Ebenen analysiert werden. Neben dem Lesen des Psalms bietet sich das mehrfache rhythmische Sprechen an. Nachdem die unterschiedlichen Sprachformen des Psalms (wieder-) erkannt worden sind, kann auf die Vorübungen aufgebaut werden: In Kleingruppen können die unterschiedlichen Abschnitte in passendem Ausdruck gesprochen, gesungen, gerufen, geflüstert etc. werden. In Form einer Geschichte sollen letztlich die verschiedenen Emotionen des Betenden nachvollzogen werden. So bleibt eine nötige Distanz gewahrt und dennoch kann der Lebensweltbezug zum Vorschein kommen. Hilfreich erscheinen zum einen die Bearbeitung der Bildworte Fels, Burg und Netz, die Herausarbeitung der Bedeutung der Raummetaphern für seelische Zustände, zum anderen die Beschreibung des psychischen und des physischen Leidens des Betenden, das in Vers 13b mündet: Ich bin geworden wie ein zerbrochenes Gefäß.

Im Sinne des Spiralcurriculums geht es in den Jahrgängen 5 und 6 um eine erste Begegnung mit der religiösen Sprachform der Psalmen und deren existenzieller Bedeutung. Diese lässt sich in den darauffolgenden Jahrgängen z. B. im Zusammenhang mit der Deutung von Todesanzeigen bzw. Grabsteinen, die sich einzelner Textabschnitte des Psalms bedienen (z. B. „Meine Zeit steht in deinen Händen" (31,16) oder „In deine Hände befehle ich meinen Geist; du hast mich erlöst, HERR, du treuer Gott." (31,6)) vertiefen.

## Fragen und Impulse

- Durchschreitet den Raum in Stille, jede/r im eigenen Tempo, ohne Kontakt zu den anderen aufzunehmen. Stellt mit Mimik, Gestik, Körperhaltung eine Situation dar, in der jemand a) jemanden oder etwas lobt, b) etwas (be-)klagt, c) jemanden (für etwas) dankt, d) jemanden um etwas bittet. „Friert" in euren Haltungen „ein".
- Bildet Zweier- oder Dreiergruppen: Findet einen Satz bzw. Ausruf zu Klage, Lob, Dank oder Bitte und eine passende Ausdrucksweise für diesen. Erstellt unter Anleitung ein Klangbild: Welche Ausdrucksform erscheint für welche Sprachform angemessen?
- Lest den Psalm 31 (**M5**). Welche verschiedenen Stimmungen könnt ihr spontan unterscheiden? Versucht Oberbegriffe dafür zu finden.
- Gliedert den Psalm in Abschnitte.

- In dem Psalm werden unterschiedliche Bilder verwendet: Welche findet ihr und wofür könnten sie stehen? Erstellt eine Mind-Map.
- Erstellt ein Klangbild zum Psalm.
- Der Betende beschreibt sehr genau seine Leiden und die sich für ihn daraus ergebenden Konsequenzen. Erstellt eine Collage zu Vers 13b: „Ich bin geworden wie ein zerbrochenes Gefäß", in der die unterschiedlichen Formen des Leidens zum Ausdruck kommen.
- Schreibt eine Geschichte, die zu dem Psalm passt. Was könnte der Person passiert sein, was könnte sie erlebt haben?

## Ideen zur Weiterarbeit

- Analyse verschiedene Psalmvertonungen: Lieder, Songs, Technomusik etc. Eine sehr bekannte Vertonung eines Teils aus Psalm 31 ist das Lied „Meine Zeit steht in deinen Händen". (Unterschiedliche Versionen finden sich auf www.YouTube.com).
- Stellungnahme zu dem o.g. Lied (mögliche Fragestellungen: Findet ihr es angemessen, dieses Lied zu singen? Welche Anlässe könnten dafür passend sein?)
- Gestaltung eines Raps zu Psalm 31
- Herausarbeiten anderer Gebetssituationen und Austausch
- Analyse der im Vaterunser enthaltenen Sprachformen
- Sammlung eigener Ideen für eine Vertonung des Vaterunser und Erprobung

# Psalm 31: In Gottes Händen geborgen

1 EIN PSALM DAVIDS; VORZUSINGEN:
2 HERR, auf dich traue ich, lass mich nimmermehr zuschanden werden,
errette mich durch deine Gerechtigkeit!
3 Neige deine Ohren zu mir, hilf mir eilends! Sei mir ein starker Fels
und eine Burg, dass du mir helfest!
4 Denn du bist mein Fels und meine Burg, und um deines Namens willen
wollest du mich leiten und führen.
5 Du wollest mich aus dem Netze ziehen, das sie mir heimlich stellten;
denn du bist meine Stärke.
6 In deine Hände befehle ich meinen Geist; du hast mich erlöst, HERR,
du treuer Gott.
7 Ich hasse, die sich halten an nichtige Götzen; ich aber hoffe auf den HERRN.
8 Ich freue mich und bin fröhlich über deine Güte, dass du mein Elend ansiehst
und nimmst dich meiner an in Not
9 und übergibst mich nicht in die Hände des Feindes;
du stellst meine Füße auf weiten Raum.
10 HERR, sei mir gnädig, denn mir ist angst! Mein Auge ist trübe geworden
vor Gram, matt meine Seele und mein Leib.
11 Denn mein Leben ist hingeschwunden in Kummer und meine Jahre in Seufzen.
Meine Kraft ist verfallen durch meine Missetat und meine Gebeine sind
verschmachtet.
12 Vor all meinen Bedrängern bin ich ein Spott geworden, eine Last meinen
Nachbarn und ein Schrecken meinen Bekannten. Die mich sehen auf der Gasse,
fliehen vor mir.
13 Ich bin vergessen in ihrem Herzen wie ein Toter;
ich bin geworden wie ein zerbrochenes Gefäß.
14 Denn ich höre, wie viele über mich lästern: Schrecken ist um und um!
Sie halten Rat miteinander über mich und trachten danach, mir das Leben zu
nehmen.
15 Ich aber, HERR, hoffe auf dich und spreche: Du bist mein Gott!
16 Meine Zeit steht in deinen Händen. Errette mich von der Hand meiner Feinde
und von denen, die mich verfolgen.
17 Lass leuchten dein Antlitz über deinem Knecht; hilf mir durch deine Güte!
18 HERR, lass mich nicht zuschanden werden; denn ich rufe dich an.
Die Gottlosen sollen zuschanden werden und hinabfahren zu den Toten und
schweigen.

19 Verstummen sollen die Lügenmäuler, die da reden wider den Gerechten frech,
stolz und höhnisch.
20 Wie groß ist deine Güte, HERR, die du bewahrt hast denen, die dich fürchten,
und erweisest vor den Leuten denen, die auf dich trauen!
21 Du birgst sie in deinem Schutz vor den Rotten der Leute,
du deckst sie in der Hütte vor den zänkischen Zungen.
22 Gelobt sei der HERR; denn er hat seine wunderbare Güte mir erwiesen
in einer festen Stadt.
23 Ich sprach wohl in meinem Zagen: Ich bin von deinen Augen verstoßen.
Doch du hörtest die Stimme meines Flehens, als ich zu dir schrie.
24 Liebet den HERRN, alle seine Heiligen! Die Gläubigen behütet der HERR
und vergilt reichlich dem, der Hochmut übt.
25 Seid getrost und unverzagt alle, die ihr des HERRN harret!



**Lies den Psalm 31 und versuche, die unterschiedlichen Stimmungen des Beters herauszufinden. Schreibe eine Geschichte, die diesen unterschiedlichen Stimmungen gerecht wird.**

___

___

___

___

___

___

___

___

___

___

___

# He's on His way

## Jahrgang 5/6

Die Fotomontage (**M6**) arbeitet mit einem ungewöhnlichen Motiv. Dargestellt wird Jesus auf einem Ultraschallbild. Ein Heiligenschein deutet an, dass es sich bei dem ungeborenen Kind um ein besonderes handelt. Der oben stehende Text „He's on His way" weist das Kind als männlich aus. Es handelt sich um ein Kind, das einen besonderen Weg vor sich hat. Dieser Weg wird ein ganz eigener und einmaliger sein, was das groß geschriebene Wort „His" unterstreicht. Eine leise Kritik an der durch Konsum und Hektik entfremdeten Adventsszeit formuliert der etwas kleiner abgedruckte Satz „Christmas starts with Christ".

Das Bild (**M6**) entstammt einer Werbeaktion der protestantischen Kirchen in England aus dem Jahr 2010. Grund für die Aktion ist die Annahme, dass die Menschen in Großbritannien mit der Weihnachtsbotschaft nur oberflächlich vertraut sind. Dieses dürfte für viele Kinder und Jugendliche in gleicher Weise zutreffen. Weihnachten wird in erster Linie als das Fest der Geschenke wahrgenommen. Zwar erleben viele zu Weihnachten einen Weihnachtsgottesdienst mit und wissen, dass Weihnachten und Kirche irgendwie zusammengehören. Die zentralen Botschaften des Weihnachtsfestes sind jedoch häufig nur bruchstückhaft bekannt. So kennen viele Kinder die Weihnachtsgeschichte (Lukas 2, 1–20). Doch die im Weihnachtsgottesdienst verlesene alttestamentliche Weissagung des Propheten Jesaja (Jesaja 9, 1–6) und die damit verbundene Sehnsucht und Hoffnung auf Frieden dürften in der Regel außerhalb der Wahrnehmung liegen, ebenso die Botschaft, dass mit Weihnachten eine neue Zeit angebrochen ist und Gott zu den Menschen gekommen ist. Dieser Gott kommt zunächst zu den Hirten. Er kommt ganz anders auf die Welt, als es für Herren üblich ist.

Die grundlegende Auseinandersetzung mit den zentralen Aussagen der Weihnachtsbotschaft könnte am Anfang einer Unterrichtseinheit zum Kirchenjahr stehen. Ebenso ist denkbar, dass sie in einer für sich stehenden Einheit zum Thema „Weihnachten" aufgegriffen wird.

Als Einstieg könnte die unter dem Bild (**M6**) formulierte Aufgabe gewählt werden. Im Rahmen einer Bildbetrachtung (wobei erklärt werden müsste, dass es sich um die Fotomontage eines Ultraschallbildes handelt und die Texte ggf. zu übersetzen sind) werden die Kinder ohne Nennung des Themas aufgefordert, Fragen an das Bild zu formulieren. Dabei könnten Fragen wie die folgenden gestellt werden: Warum wird das Kind mit Heiligenschein dargestellt? Was ist mit dem Satz „He's on His way" gemeint? Warum wurde der Satz „Christmas starts with Christ" auf dem Plakat verwendet? Unter Berücksichtigung der Fragen lassen sich mit Hilfe der Weihnachtsgeschichte und der prophetischen Weissagungen Motive der oben benannten christlichen Botschaft am Medium erläutern.

Die kritische Frage an die gewohnte weihnachtliche Praxis sollte sich anschließen. Diese könnte mit der Weissagung des Propheten Jesaja verglichen werden. Dabei darf es nicht darum gehen, gegenüber den Kindern den moralischen Zeigefinger zu erheben. Vielmehr könnte die Auseinandersetzung mit den Texten dazu führen, dass die Kinder ein Mehr an Tiefe mit dem Fest am Anfang des Kirchenjahres verbinden. Die nachstehend formulierten Fragen und Hinweise sind als Möglichkeiten zur Auseinandersetzung mit dem Bild zu verstehen. Die sich anschließenden Ideen für die Weiterarbeit gehen davon aus, dass das Thema in der Weihnachtszeit aufgegriffen wird.

## Fragen und Impulse

- Betrachte das Bild (**M6**) genau.
- Das Bild (**M6**) wurde von einer Werbeagentur gestaltet. Welche Fragen würdest du den Mitarbeiterinnen und Mitarbeitern gern zu dem Bild stellen?
- Genaueres über den zentralen Inhalt des Bildes findest du in der Bibel. Lies das Lukasevangelium Kapitel 2, Verse 1–20 bzw. Jesaja, Verse 5–6.
- Im Bild (**M6**) geht es um ein wichtiges Fest. Wie feiert ihr dieses Fest heute?
- Stell dir vor, du könntest etwas an dem Fest verändern. Was wäre das?

## Ideen zur Weiterarbeit

- Gestaltung eines Schulgottesdienstes zu Weihnachten mit dem Bild. (Anregungen unter: www.rpi-loccum.de/schwwei.html, Zugriff am 11.01.2012)
- Beteiligung an der Aktion „Weihnachten im Schuhkarton"
- Beteiligung an der Aktion „Brot für die Welt"
- Führen eines Advents-/Weihnachtstagebuchs
- Planung, Durchführung und Reflexion einer Friedensaktion an der Schule
- Auseinandersetzung mit Weihnachtsbräuchen und ihrem Ursprung (siehe auch: www.rpi-loccum.de/kueweih.html, Zugriff am 11.01.2012)

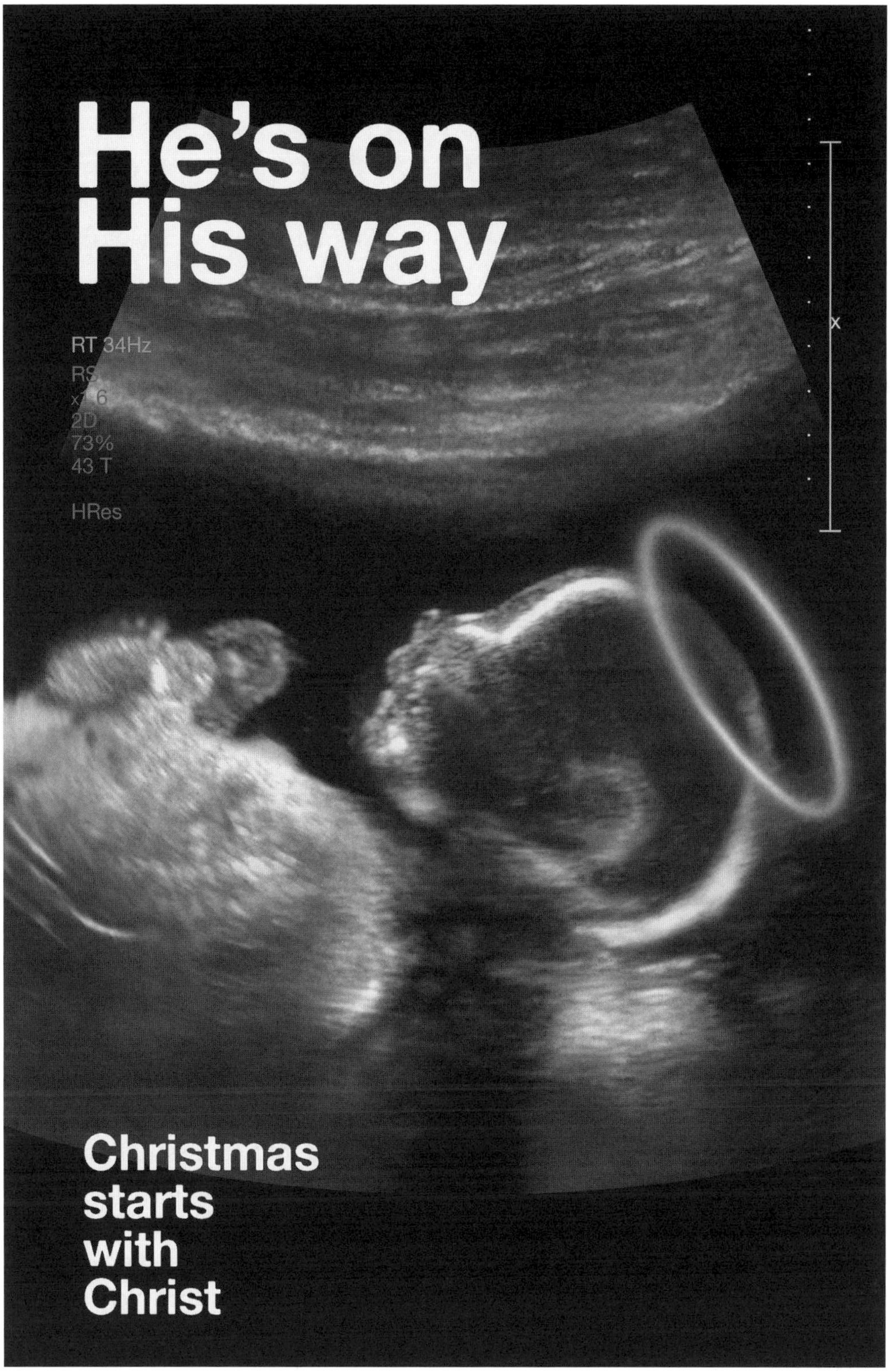

© *churchads.net*

Du entdeckst diese Postkarte: Zu welchem Anlass könnte die Karte verschickt worden sein? Finde heraus, was die Karte aussagen will.

# Die Arbeiter im Weinberg (Mt 20, 1–16)

## Jahrgang 7/8

Gerecht behandelt zu werden, spielt im Leben von Kindern und Jugendlichen eine wichtige Rolle. Im schulischen Alltag sehen sie sich häufig einem Vergleich mit Mitschülerinnen und Mitschülern ausgesetzt und erleben, dass die eigenen Maßstäbe der Gerechtigkeit nicht mit denen anderer übereinstimmen. Daher ist es wichtig, ein Gespräch über Unterschiede im Gerechtigkeitsempfinden zu initiieren. Die Auseinandersetzung mit dem Gleichnis von den Arbeitern im Weinberg (**M7**) eröffnet den Schülerinnen und Schülern die Möglichkeit, über ihre eigenen Wertvorstellungen nachzudenken und das im Gleichnis enthaltene Gerechtigkeitsverständnis, nämlich eine paradoxe Umkehr üblicher Maßstäbe, zu entdecken.

Um die für den christlichen Glauben grundlegenden Erkenntnisse des Gleichnisses für die Schülerinnen und Schüler „sichtbar" werden zu lassen, wird die Methode des Rollenspiels angewendet, die es im Anschluss an den Spielprozess gründlich zu reflektieren gilt.

Das Gleichnis als poetische Sprachform möchte die Hörerinnen und Hörer dazu anregen, das Leben und die Wirklichkeit in bisher ungewohnter Weise wahrzunehmen. Es geht nicht um Belehrung, sondern um einen offenen Entdeckungsprozess, der zum Ziel hat, die kreative Funktion der Bildhaftigkeit in der Gleichnisrede zutage treten zu lassen. „Wenn es darum gehen soll, die metaphorische Kraft wiederzugewinnen, ist zunächst spielerisches, nicht zielgerichtetes Lernen gefordert." (Becker, Ulrich/ Johannsen, Friedrich/Noormann, Harry: Neutestamentliches Arbeitsbuch für Religionspädagogen, 3. überarb. Auflage, Stuttgart 2005, 68). Was ist nun genau das Neue in diesem Gleichnis, das es spielerisch zu entdecken gilt?

Ein Weinbergbesitzer geht zur Erntezeit frühmorgens (ein typischer Arbeitstag begann in Palästina zur Zeit Jesu etwa um 6.00 Uhr morgens und endete gegen 18.00 Uhr) auf den Marktplatz, um Arbeiter für seinen Weinberg zu werben – ein für die Welt des Neuen Testaments übliches Verhalten. Viele Menschen hatten kein festes Arbeitsverhältnis, sondern wurden Tag für Tag als Tagelöhner eingestellt. Der vereinbarte Lohn eines Silbergroschens war so viel, dass es zum Leben für einen Tag reichte. Drei Stunden später, also gegen 9.00 Uhr, rekrutiert der Weinbauer abermals Tagelöhner auf dem Marktplatz; ebenfalls um 12.00 Uhr, um 15.00 Uhr und selbst noch gegen 17.00 Uhr findet er Arbeiter, die bislang nicht eingestellt worden sind. Mit all diesen Schaffenden vereinbart er keinen bestimmten Lohn, sondern sagt zu ihnen: „Ich will euch geben, was recht ist." Als es am Abend um die Verteilung des Lohnes geht, weist er seinen Verwalter an, bei den zuletzt Eingestellten zu beginnen. An diesem Punkt wird die überraschende Wende eingeleitet: Die Letzten bekommen einen Silbergroschen ausgezahlt – wie alle anderen Arbeiter auch. Als die zuerst eingestellten Arbeiter ihren Lohn entgegennehmen, vermuten diese, mehr Geld zu bekommen als die anderen, da sie den ganzen Tag in der Hitze hart gearbeitet haben. Sie werden jedoch enttäuscht und mit dem gleichen Betrag entlohnt wie die Übrigen. Juristisch gesehen hat der Weinbergbesitzer korrekt gehandelt, da er den Ersten den mit ihnen vereinbarten Lohn auszahlt. Er hält sich an sein Versprechen und ist zudem in der Lage, den zuletzt Eingestellten eine Gabe zukommen zu lassen – eine Gabe, die sie genauso zum Überleben benötigen wie diejenigen, die bereits am Morgen ihren Dienst angetreten haben. In dem Gleichnis (**M7**) kommt damit die Vision von einer neuen Gerechtigkeit zum Tragen, die nicht die Leistung zum Maßstab macht, sondern den Blick für das Lebens-Not-Wendige schärft. Diese Vision lädt Schülerinnen und Schüler dazu ein, das eigene Gerechtigkeitsverständnis zu hinterfragen: Was wird denn jedem gerecht? Ist es nur die Leistung, die zählt?

Erfahrungsgemäß wird unter den Schülerinnen und Schülern eine Diskussion über das Gerechtigkeitsverständnis des Weinbergbesitzers ausbrechen, da sie sich mit den zuerst Eingestellten solidarisieren und sich leicht in deren Lage hineinversetzen können. Diesen spontanen Reaktionen und auch damit einhergehender Empörung sollte genügend Raum gegeben werden.

Methodisch bietet es sich daher an, mit einem Standbild zum Thema „Gerechtigkeit“ zu beginnen, das nach Möglichkeit fotografiert werden sollte, um es am Ende der Sequenz mit einem neu zu erstellenden Standbild vergleichen zu können. Anschließend wird die biblische Geschichte erzählt und parallel dazu im Rollenspiel dargestellt: Nach einer Einführung in die Welt des NT und der Tagelöhner können einige Schülerinnen und Schüler sich als Arbeiter auf einem Marktplatz einfinden. Die Lehrerin/der Lehrer kann diese zu den unterschiedlichen Uhrzeiten interviewen, sodass deutlich wird, was die Einstellung bzw. die Nichteinstellung für die Tagelöhner und deren Familien bedeutet, welche Ängste mit keiner oder einer späten Einstellung verbunden sind. Im Anschluss sollte die Erzählung nach Vers 8 unterbrochen werden, um die Schülerinnen und Schüler eigene Vermutungen über die Höhe des Lohnes/der unterschiedlichen Löhne anstellen zu lassen, damit das oben angesprochene neue Gerechtigkeitsverständnis zur Geltung kommen kann.

Nach Abschluss der Erzählung kann das Formulieren von Rollentexten mit Gedanken aus der Sicht der je unterschiedlichen Personen (Weinbergbesitzer, zuerst Eingestellte, zuletzt Eingestellte) hilfreich sein, um zu einer eigenen begründeten Beurteilung des Verhaltens zu gelangen. Förderlich ist es, an dieser Stelle des Prozesses die Perspektive Jesu aufzunehmen, der das Gleichnis erzählt hat, und die Begriffe „Gerechtigkeit“ und „Güte“ bzw. „Barmherzigkeit“ einander gegenüberzustellen: Welche Maßstäbe werden dem einzelnen Menschen wirklich gerecht? Warum fällt es so schwer, sich über die Güte des Weinbergbesitzers zu freuen? Provokativ kann mit dem Jesaja-Zitat gearbeitet werden: „Und ich sah einen neuen Himmel und eine neue Erde“ (Off. 21,1a), das die Schülerinnen und Schüler weiterträumen.

## Fragen und Impulse

- Erstellt ein Standbild zum Thema „Gerechtigkeit“. Fotografiert es.
- Hört/Lest das Gleichnis von den Arbeitern im Weinberg bis Vers 8 (**M7**).
- Eine Schülerin/Ein Schüler übernimmt die Rolle des Weinbergbesitzers, 10 bis 15 Schülerinnen und Schüler nehmen die Perspektiven der Arbeiter auf dem Marktplatz ein. Stellt die Szene möglichst realistisch dar: Es ist heiß, ihr (und eure Familien) seid als Tagelöhner jeden Tag aufs Neue auf den Lohn angewiesen… .

- Bestimmt einen Interviewer, der den Weinbergbesitzer begleitet und sowohl die früh und die spät eingestellten als auch die arbeitslos gebliebenen Arbeiter nach ihren Gedanken und Gefühlen fragt.
- Stellt Vermutungen an: Welchen Lohn zahlt der Verwalter den einzelnen Tagelöhnern am Ende des Tages aus?
- Hört/Lest den Rest der biblischen Geschichte: Was sind eure spontanen Reaktionen? Versucht sie mit Mimik und Gestik darzustellen.
- Schreibt die Gedanken aus der Sicht des Weinbergbesitzers/eines zuerst Eingestellten/eines zuletzt Eingestellten auf.
- Nehmt die Perspektive Jesu auf: Warum erzählt Jesus dieses Gleichnis?
- Erstellt nach der Beschäftigung mit dem Gleichnis ein Standbild zum Thema „Gerechtigkeit bei Gott". Vergleicht es mit dem Ausgangsstandbild: Was hat sich verändert?
- Reflektiert zum Schluss den gesamten Prozess: das Standbild zu Beginn der Erschließung, die Methode des Rollenspiels, die Rollentexte sowie das abschließende Standbild: Welche Unterschiede bietet diese Vorgehensweise im Gegensatz zum reinen Lesen/Hören des Textes?

## Ideen zur Weiterarbeit

- Hören des Liedes „Paradies" von den Toten Hosen (www.dietotenhosen.de/veroeffentlichungen_songtexte.php?text=alben/adh/paradies.php, Zugriff am 10.01.2012) und Vergleich der darin enthaltenen Gerechtigkeitsvorstellung mit der im Gleichnis
- Lesen des Ausschnitts aus dem theologischen Gespräch zwischen dem 9-jährigen Max und seinem Lehrer (**M8**): Was versteht der Junge unter dem Himmelreich? Stimmst du ihm zu? Verfassen einer eigenen Stellungnahme

# Von den Arbeitern im Weinberg (Mt 20, 1–16)

1 Denn das Himmelreich gleicht einem Hausherrn, der früh am Morgen ausging,
um Arbeiter für seinen Weinberg einzustellen. 2 Und als er mit den Arbeitern einig wurde über einen Silbergroschen als Tagelohn, sandte er sie in seinen Weinberg.
3 Und er ging aus um die dritte Stunde und sah andere müßig auf dem Markt stehen 4 und sprach zu ihnen: Geht ihr auch hin in den Weinberg; ich will euch geben,
was recht ist. 5 Und sie gingen hin. Abermals ging er aus um die sechste und um die
neunte Stunde und tat dasselbe. 6 Um die elfte Stunde aber ging er aus und fand andere und sprach zu ihnen: Was steht ihr den ganzen Tag müßig da? 7 Sie sprachen
zu ihm: Es hat uns niemand eingestellt. Er sprach zu ihnen: Geht ihr auch hin in den
Weinberg. 8 Als es nun Abend wurde, sprach der Herr des Weinbergs zu seinem Verwalter: Ruf die Arbeiter und gib ihnen den Lohn und fang an bei den letzten bis zu
den ersten. 9 Da kamen, die um die elfte Stunde eingestellt waren, und jeder empfing
seinen Silbergroschen. 10 Als aber die Ersten kamen, meinten sie, sie würden mehr
empfangen; und auch sie empfingen ein jeder seinen Silbergroschen. 11 Und als sie
den empfingen, murrten sie gegen den Hausherrn 12 und sprachen: Diese Letzten haben nur eine Stunde gearbeitet, doch du hast sie uns gleichgestellt, die wir des Tages
Last und Hitze getragen haben. 13 Er antwortete aber und sagte zu einem von ihnen:
Mein Freund, ich tu dir nicht Unrecht. Bist du nicht mit mir einig geworden über
einen Silbergroschen? 14 Nimm, was dein ist, und geh! Ich will aber diesem Letzten
dasselbe geben wie dir. 15 Oder habe ich nicht Macht zu tun, was ich will, mit dem,
was mein ist? Siehst du scheel drein, weil ich so gütig bin? 16 So werden die Letzten
die Ersten und die Ersten die Letzten sein.

*Lutherbibel, revidierter Text 1984, durchgesehene Ausgabe, © 1999 Deutsche Bibelgesellschaft, Stuttgart*

Lies das Gleichnis von den Arbeitern im Weinberg. Beurteile das Verhalten des Weinbergbesitzers: Ist er gerecht?

# Im Himmelreich ist keiner sauer

Ich (…) frage Max (9 Jahre): „Was, meinst du, sagt die Geschichte von den Arbeitern im Weinberg über das Himmelreich aus?“

Max antwortet: „Das Himmelreich ist ohne mürrische Arbeiter. Oder kennst du einen mürrischen Arbeiter im Himmel?“ Der Lehrer ist ziemlich verblüfft über seine Antwort und fragt ihn, wie er das meint.

Max erklärt: „Es gibt keine mürrischen Arbeiter im Himmel, weil niemand sauer ist auf einen anderen. Im Himmelreich ist keiner sauer, weil es dort Engel gibt und keiner braucht neidisch auf andere zu sein, weil es allen gut geht.“

*Nach: Felix Maximilian Karweick und Stefan Alkier: Die Arbeiter im Weinberg – Ein Bibelgespräch zwischen einem Grundschüler und einem Neutestamentler, in: Im Himmelreich ist keiner sauer. Kinder als Exegeten. Jahrbuch für Kindertheologie Band 2, Stuttgart 2003, 58/59.*

**Max sagt, dass es im Himmelreich keine mürrischen Arbeiter gibt. Denkst Du das auch? Schreib deine Meinung auf.**

# „Die Loveparade wurde zum Totentanz“

## Jahrgang 7/8

Viele Schülerinnen und Schüler haben das Unglück der Loveparade in Duisburg – im Gegensatz zu manch anderem schrecklichem Ereignis – bewusst wahrgenommen. Vielerorts ist es Gegenstand von Gesprächen geworden. Das mag verschiedene Gründe haben. Zum einen hat die Veranstaltung eine große Nähe zur Lebenswelt der Jugendlichen. Zum anderen waren die Unglücksopfer nur einige Jahre älter als Schülerinnen und Schüler der Klassenstufen 7 und 8. Ein weiterer Grund liegt vermutlich darin, dass Ereignis (Loveparade, Party) und Unglück (Trauer, Hilflosigkeit) in starkem Kontrast zueinander stehen und ein Nachdenken über das Leben geradezu herausfordern. Der katholische Bischof Franz-Josef Overbeck hat dieses in seiner Traueransprache so ausgedrückt: „So gegensätzlich ist unser Leben: In dem einen Moment ist Party angesagt und im anderen Moment liegen wir hilflos am Boden. Wir möchten das Leben gerne sicher steuern und haben es doch nicht im Griff.“

Im Unterricht geht es darum, diese Spannung aufzugreifen und zum Ausgangspunkt für ein Nachdenken über das Leben zu machen. Dabei soll deutlich werden, dass es – trotz allen Glücks – keine Gewähr für ein Leben ohne Leid gibt und Menschen im Leben immer wieder herausgefordert sind, dem Leid zu begegnen. Eine Möglichkeit der Auseinandersetzung mit dem Ereignis wurde im Trauergottesdienst für die Opfer des Unglücks in der Duisburger Salvatorkirche deutlich, der vom EKD-Ratsvorsitzenden Präses Nikolaus Schneider und vom katholischen Bischof Dr. Franz-Josef Overbeck geleitet wurde.

Die Traueransprache von Präses Nikolaus Schneider (**M11**) steht im Mittelpunkt des Unterrichts. Anhand seiner Worte lernen die Schülerinnen und Schüler eine christliche Antwort auf das durch das Ereignis hervorgerufene Leid kennen. Die Predigt stellt heraus, dass Leid nicht unwidersprochen hingenommen werden muss, sondern dass es vor Gott einen Ort hat. Damit wird auf die Möglichkeit der Klage verwiesen, wie sie z. B. in den Psalmen zum Ausdruck kommt. An dieser Stelle könnte mit den unten stehenden Fragen und Impulsen gearbeitet oder das Klagegebet aus Psalm 31, 10–19 (siehe Beispiel „Psalm 31 – In Gottes Händen geborgen“) für die Klassenstufe 7/8 weiterentwickelt werden. Inwieweit ein entsprechender Umgang mit Leid, nämlich die Klage vor Gott zu bringen, für den Einzelnen tragfähig ist, entscheidet jeder Mensch selbst. Allerdings sollte der Unterricht herausarbeiten, dass viele Menschen diesen Weg für sich als tröstlich erachten.

Gemäß der Klassenstufe 7/8 sollte bei der Erschließung des Textes (**M11**) besonderer Wert auf folgende Aspekte gelegt werden: Der christliche Weg ist ein solidarischer Weg mit den Leidenden. Die Solidarität mit Leidenden setzt die Wahrnehmung des anderen in seiner Verletzlichkeit und Hilfsbedürftigkeit voraus. Sie äußert sich in der Übernahme von Verantwortung. Im Umgang mit der Unglückssituation wird deutlich: „Unsere Bänder der Liebe brechen die Macht des Todes: das Zuhören, die Umarmung, das tröstende Wort; die Notfallversorgung und die Umsicht der Rettungskräfte; die spontane Hilfe fremder Menschen. Das bleibt gültig." Der hier vorgenommene Versuch einer Deutung des Leides aus christlicher Perspektive geht über Duisburg hinaus. Er gilt grundsätzlich für den christlichen Umgang mit Leid und Leidenden und verdeutlicht sich in dem Dreischritt der Predigt, „stärker als der Tod ist die Liebe" (Zeile 33), „stärker als der Tod ist die Liebe unter den Menschen" (Zeile 34) und „stärker als der Tod ist Gottes Liebe" (Zeile 54).

## Fragen und Impulse

- Informiert euch über das Unglück während der Loveparade in Duisburg (**M9**).
- Der Trauergottesdienst für die Opfer des Unglücks fand in der Duisburger Salvatorkirche statt. Tauscht euch zu zweit in einem Schreibgespräch über den Satz von Franz-Josef Overbeck (**M10**) während seiner Traueransprache aus.
- Stellt einander die wichtigsten Erkenntnisse der einzelnen Schreibgespräche in der Klasse vor.
- Präses Schneider verwendet in seiner Predigt einen Klagevers aus Psalm 77. Schreibt den Vers in die Mitte eines DIN-A2-Blattes und gestaltet in kleinen Gruppen das Blatt mit Farben, eigenen Worten und Texten.
- Welche Gedanken aus der Predigt von Präses Schneider (**M11**) scheinen euch besonders hilfreich im Umgang und zur Verarbeitung des großen Leides? Unterstreicht diese Gedanken und tauscht euch darüber aus.
- Präses Schneider stellt als Antwort auf das Leid die Liebe von uns Menschen zueinander und die Liebe Gottes heraus. Beide sind stärker als der Tod. Lest die Zeilen 32 bis 52 und die Zeilen 54 bis 63 und gebt den Inhalt der beiden Absätzen in eigenen Worten wieder.
- Präses Schneider verwendet in seiner Predigt (**M11**) einen Vers der Verheißung aus Psalm 34. Schreibt den Vers in die Mitte eines DIN-A2-Blattes und gestaltet in kleinen Gruppen ein weiteres Blatt mit Farben, eigenen Worten und Texten.
- Die Bilder sollen in einer Ausstellung in der Schule ausgestellt werden. Überlegt, wie die Bilder in der Ausstellung angeordnet werden sollen, erstellt einen Ankündigungstext der Ausstellung für die Homepage der Schule und gebt der Ausstellung einen Titel.

## Ideen zur Weiterarbeit

- Erstellung eines Hungertuches zum Thema „Der Herr ist nahe denen, die zerbrochenen Herzens sind, und hilft denen, die ein zerschlagenes Gemüt haben." (vgl.: Inge Osthues: Das Hungertuch der Realschule Verden – Eine Projektidee; www.rpi-loccum.de/osthue.html, Zugriff am 10.01.2012)
- Projekt zum Thema „Solidarität im Alltag"

# Unglück während der Loveparade in Duisburg

Am 24. Juli 2010 fand die Loveparade auf dem Gelände des ehemaligen Güterbahnhofes Duisburg nahe dem Hauptbahnhof unter dem Motto „The Art of Love“ statt. Bis dahin war die jährlich in verschiedenen Städten veranstaltete Loveparade ein freudiges Ereignis. Jedes Jahr feierten tausende Technofans fröhlich und ausgelassen miteinander. Die Veranstaltung in Duisburg geht allerdings als bisher traurigste der insgesamt 19 Paraden in die Geschichte ein. In einer Massenpanik starben insgesamt 21 Menschen, viele davon wurden zu Tode getrampelt und erdrückt. 342 weitere Menschen wurden zum Teil schwer verletzt. Es spielten sich erschütternde Szenen ab.

In Erwartung einer heiteren und beschwingten Techno-Party waren mehr als 1,4 Millionen Raver nach Duisburg gekommen. Am späten Nachmittag tanzten und feierten bereits viele Techno-Fans um die 15 Floats (riesige Wagen) auf dem Gelände des alten Güterbahnhofs. Um 17.34 Uhr schloss die Polizei das Veranstaltungsgelände wegen Überfüllung. Zu dieser Zeit befanden sich viele tausende junge Musikfans noch in der Duisburger Innenstadt und drängten in Richtung Festgelände, um die Abschlusskundgebung der Loveparade mitzuerleben. Dieses war nur durch einen rund 100 Meter langen und 16 Meter breiten Tunnel zu erreichen. Vorne im Tunnel hatte sich ein Stau gebildet. Dennoch drängten die Menschen von hinten weiter in Richtung Veranstaltungsgelände. Im Tunnel war es heiß, stickig; es gab kaum Luft zum Atmen. Die ersten Menschen kippten um und wurden von den nachdrängenden überrannt. Eine ganze Reihe von Fans war auf eine schmale Treppe geklettert, die aus dem Tunnel herausführte, und abgestürzt. Andere versuchten vergeblich, die Sicherheitszäune um das abgeriegelte Gelände zu erklimmen. Es dauerte lange, bis die Polizei und die Rettungskräfte die Lage in den Griff bekamen und zu den Verletzten vordrangen. Der Zugang zum Tunnel war durch die Menschenmassen verstopft. Nach langer Zeit bildete sich eine Rettungsgasse. Hierdurch gelangten die Helfer zu den verletzten Menschen im Tunnel. Doch für viele kam jede Hilfe zu spät.

# Aus der Traueransprache von Bischof Overbeck

„So gegensätzlich ist unser Leben: In dem einen Moment ist Party angesagt und im anderen Moment liegen wir hilflos am Boden. Wir möchten das Leben gerne sicher steuern und haben es doch nicht im Griff."

*Mit freundlicher Genehmigung des Bistums Essen*

# Predigt des Ratsvorsitzenden der Evangelischen Kirche in Deutschland (EKD) Präses Nikolaus Schneider

## Zum Gedenken an die Opfer des Loveparade-Unglücks am Samstag, 31. Juli 2010, 11 Uhr, in der Salvatorkirche Duisburg

Die Loveparade wurde zum Totentanz, liebe Gemeinde.

Mitten hinein in ein Fest überbordender Lebensfreude hat der Tod uns allen sein schreckliches Gesicht gezeigt. Trauer und Verzweiflung, Hilflosigkeit und Wut halten uns wie Ketten gefangen.
Schreckensbilder besetzen unser Denken und Fühlen:
- junge Menschen, die verzweifelt um ihr Leben kämpfen;
- fassungslose Menschen, die ihrer Trauer und Wut ungefiltert Ausdruck geben;
- erschütterte Helferinnen und Helfer, Polizistinnen und Polizisten, die selbst Hilfe und Ermutigung brauchen;
- aber auch Erwachsene, die wie versteinert Verantwortung von sich wegschieben.

Wir alle ringen um Fassung und suchen nach Trost, nach Verstehen und Verständnis. Auch unser Vertrauen in Gottes Gerechtigkeit und Liebe hat Risse bekommen. „Hat Gott vergessen, gnädig zu sein, oder sein Erbarmen in Zorn verschlossen?" (Ps 77, 10). Warum mussten 21 junge Menschen so plötzlich sterben, die doch nur ihrer Lebensfreude Ausdruck geben wollten, warum ließ Gott das zu? Und wie verlangt Gott Rechenschaft von denen, die Verantwortung für das Unglück zu tragen haben?

Die Loveparade wurde zum Totentanz.

Aber unser Gottvertrauen und unseren Lebensmut wollen wir deshalb nicht preisgeben, liebe Gemeinde. Wir halten dagegen: Stärker als der Tod ist die Liebe!
Es gilt: Stärker als der Tod ist die Liebe von uns Menschen zueinander.

Der Tod kann unsere Liebe zu den Menschen, die wir verloren haben, nicht auslöschen. Aber unsere Liebe findet neue Wege und neue Formen. Blumen und Kerzen gehören dazu. Wir können unsere Verstorbenen nicht mehr körperlich spüren. Wir können nicht mehr gemeinsam mit ihnen lachen und weinen, streiten und uns versöhnen. Aber wir tragen sie in unseren Herzen und in unseren Gedanken. Auch un-

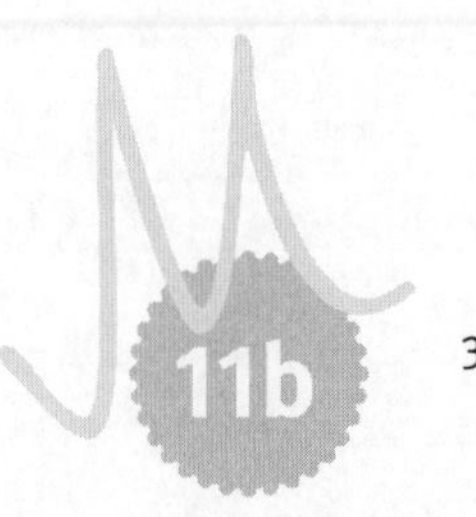

*Nikolaus Schneider, Präses der Evangelischen Kirche im Rheinland und Ratsvorsitzender der Evangelischen Kirche in Deutschland*

sere Tränen und unsere Trauer sind ein Band der Liebe, das uns mit unseren Verstorbenen verbindet. Unsere Bänder der Liebe brechen die Macht des Todes: das Zuhören, die Umarmung, das tröstende Wort; die Notfallversorgung und die Umsicht der Rettungskräfte; die spontane Hilfe fremder Menschen. Das bleibt gültig.

Und es gilt: Stärker als der Tod ist Gottes Liebe!
Unser Glaube an Gott ist keine Versicherung gegen Erfahrungen des Leides und des Todes. Aber wir können darauf vertrauen: Gottes Liebe-volle Gegenwart auf allen unseren Wegen ist uns zugesagt. Unser Gottvertrauen bewahrt uns nicht vor Schmerzen und Tränen, auch nicht vor Zweifel. Aber unser Glaube schenkt uns die Gewissheit, dass Gott unsere Schmerzen mitfühlt und unsere Tränen zählt. Gottes Gerechtigkeit zeigt sich im irdischen Leben der Menschen nicht darin, dass guten Menschen nur Gutes widerfährt. Unser Glaube an Gott gibt uns keine eindeutigen Antworten auf unser Fragen nach dem „Warum". Aber unser Glaube vertraut darauf, dass Gottes Gerechtigkeit, die wir hier nur unvollkommen und widersprüchlich erleben, in seinem zukünftigen Reich endlich vollkommen und für alle Menschen sichtbar und erfahrbar sein wird.

Ein für allemal und an einem Menschen für alle Menschen hat Gott uns durch Jesus Christus offenbart: Unsere schrecklichen Erfahrungen mit dem Tod, ja unser Tod selbst sind nicht das letzte Wort über uns und unser Leben. Jesu Kreuz und seine Auferstehung versprechen: Das Leben, das Gott uns schenkt, ist stärker als der Tod.

Unser Tod auf der Erde ist gleichzeitig das offene Tor zu einem neuen Leben in Gottes Reich. Deshalb können wir auch sagen: Unsere Toten sind nicht tot. Der Totentanz wandelt sich zu einem großen Fest unzerstörbaren Lebens.

Auch das bleibt gültig. Verlasst euch darauf, auch heute. Hier in Duisburg und überall gilt die Verheißung des Psalmisten: „Der Herr ist nahe denen, die zerbrochenen Herzens sind, und hilft denen, die ein zerschlagenes Gemüt haben." (Ps 34, 19)

Amen

*Abdruck mit freundlicher Genehmigung der Evangelischen Kirche im Rheinland*

Nikolaus Schneider ist als Präses seit 2013, als Ratsvorsitzender seit 2014 im Ruhestand.

# Dietrich Bonhoeffers Glaubensbekenntnis

## Jahrgang 7/8

Das Christentum ist eng mit biographischen Zeugnissen verbunden. Nicht nur die Bibel erzählt die Lebensgeschichten einzelner Menschen und ihrer Beziehung zu Gott. Die Geschichte der letzten 2000 Jahre ist voller Beispiele von Menschen, die ihren Glauben gelebt und bekannt haben. Greift der Unterricht auf diese in der Bibel oder der Geschichte dargelegten Lebensgeschichten zurück, trifft er häufig auf ein besonderes Interesse seitens der Schülerinnen und Schüler. Hier korreliert das Thema mit dem Interesse der Heranwachsenden an einer Auseinandersetzung mit den Lebensentwürfen anderer. Dieses Bedürfnis wird deutlich, wenn man sich in Jugendzimmern umsieht, die häufig mit Stars und Sternchen der Pop- und Fußballwelt plakatiert sind. Für Jugendliche „liegt anscheinend ein hoher Reiz darin, am Leben, Denken und Handeln anderer Personen teilzuhaben .... Faszinierend daran scheint – erstens – zu sein, dass man über biografische Zugänge in die Gedankenwelt und Entscheidungsprozesse eines fremden Individuums hineingenommen wird: Dadurch tun sich alternative Optionen auf, einen Sachverhalt zu erschließen und zu bewerten. Zweitens: Nicht selten kann das Interesse am Leben anderer Menschen auf eine Art Alltagsvoyeurismus zurückgeführt werden. Man will wissen, wie sich die gefeierte Sportlerin oder der vereinsamte Schauspieler in ihrem Privatleben abseits der Öffentlichkeit verhalten."(Lindner, Konstantin: „Aufgabe Biografie" – eine religionsdidaktische Herausforderung. In: Loccumer Pelikan 2/2011. 62). Dieser Auseinandersetzung mit der Biografie der anderen folgt immer der Vergleich mit dem eigenen Leben. Wie gehen andere mit Herausforderungen um und wie meistere ich die mir gestellten Aufgaben? Diese Frage macht beispielhaft deutlich, dass in Zeiten der Pluralität eindeutige Lebensentwürfe nicht mehr vorgegeben sind und der Einzelne herausgefordert ist, sich selbst aus einer Vielzahl von Angeboten zu erfinden.

Bei diesem Interesse setzt das beigefügte Material an. Am Beispiel des Lebens Dietrich Bonhoeffers mit seinen Stärken, aber auch mit seinen Brüchen sollen die Schülerinnen und Schüler eine Person kennenlernen, für die Glaube in einer außergewöhnlichen Situation bedeutsam war. Das wird vielen Schülerinnen und Schülern zunächst fremd sein. Dabei geht es nicht um eine Orientierung an Bonhoeffers Leben mit dem Ziel des Nachahmens und Bewunderns. Vielmehr soll die Auseinandersetzung mit den Wert- und Lebensentscheidungen Bonhoeffers zu der Frage führen, wie die Schülerinnen und Schüler sich in einer ähnlichen Situation verhalten würden. Dass hier nicht das gesamte Leben Bonhoeffers zum Lerngegenstand des Unterrichts werden kann, drängt sich aufgrund der Komplexität des Themas auf. Vielmehr soll exemplarisch der Auszug aus dem 1934 verfassten Text „Nach zehn Jahren", der auch als Bonhoeffers Glaubensbekenntnis (**M12**) bezeichnet wird, im Mittelpunkt des unterrichtlichen Interesses stehen. Der Text (**M12**) ist Ausgangspunkt und Ziel des Unterrichts. Die Frage, inwieweit der Text in einem Schulgottesdienst Verwendung finden sollte, steht am Anfang und am Ende der Unterrichtssequenz. Zur Beantwortung ist es unabdingbar, dass sich die Schülerinnen und Schüler mit dem Leben und Wirken Bonhoeffers auseinandersetzen. Daher ist es für den Unterricht zunächst wichtig, möglichst viel darüber in Erfahrung zu bringen. Dieses kann in Kleingruppen mit Hilfe ausgewählter Materialien und/oder im Rahmen von Internetrecherchen geschehen. Der Film „Die letzte Stufe" bietet sich als zusätzliches Material an.

Die Ergebnisse der Recherchen werden auf einer Wandzeitung zusammengefasst und bilden die Grundlage der Auseinandersetzung mit dem Text. Dabei geht es zunächst darum, den Schülerinnen und Schülern ein Sich-Einfühlen in die Lebenssituationen Bonhoeffers zu ermöglichen. In Schreibgespräch erhalten die Schüler (jeweils zu zweit) Gelegenheit, ihre Gedanken und Eindrücke zusammenzufassen. Das Schreibgespräch findet in einer Atmosphäre der Ruhe und Konzentration statt. Nach zehn Minuten wird der Text in diese Atmosphäre hinein gesprochen und bildet die Grundlage der sich anschließenden Diskussion. Dabei stehen die Gedanken und Gefühle der Schülerinnen und Schüler im Mittelpunkt. Fragen danach, was am Text fasziniert oder stört und welche Konsequenzen sich aus Bonhoffers Glauben für seine Situation ergeben, könnten dabei produktive Gesprächsanstöße sein.

Abschließend ist die einleitende Frage begründet zu beantworten, ob der Text im Schulgottesdienst als Glaubensbekenntnis gesprochen werden könnte.

## Fragen und Impulse

- Der Text „Dietrich Bonhoeffers Glaubensbekenntnis" (**M12**) entstand 1934. Er lässt sich besser verstehen, wenn man etwas über Dietrich Bonhoeffer und die Umstände weiß, in denen der Text entstanden ist. Versucht möglichst viel über Dietrich Bonhoeffer herauszufinden. Sucht nach Texten über sein Leben. Vielleicht findet ihr auch Fotos, die Situationen aus seinem Leben illustrieren.
- Fasst eure Ergebnisse auf einer Wandzeitung zusammen.
- Tauscht euch über eure Gedanken und Eindrücke zum Leben Bonhoeffers in einem Schreibgespräch aus.
- Lasst im Anschluss den Text „Dietrich Bonhoeffers Glaubensbekenntnis" (**M12**) in der Klasse laut vorlesen.
- Welche Gedanken und Fragen gehen euch beim Hören durch den Kopf? Was fasziniert euch an dem Text? Tauscht euch darüber in der Klasse aus.
- Hat der Text (**M12**) heute für euch eine Bedeutung? Könnte er als Glaubensbekenntnis in einem Schulgottesdienst zum Thema „Schöpfung/Klimawandel" gesprochen werden? Was spricht dafür? Was spricht dagegen? Formuliert eine eigene Stellungnahme.

## Ideen zur Weiterarbeit

- Auseinandersetzung mit weiteren Texten von Dietrich Bonhoeffer
- Vergleich des Textes (**M12**) mit dem Romanum, dem Nicänum und dem Apostolikum
- Auseinandersetzung mit einzelnen Glaubensartikeln der Bekenntnisse

# Dietrich Bonhoeffers Glaubensbekenntnis

Ich glaube,
dass Gott aus allem, auch aus dem Bösesten,
Gutes entstehen lassen kann und will.
Dafür braucht er Menschen,
die sich alle Dinge zum Besten dienen lassen.

Ich glaube,
dass Gott uns in jeder Notlage
so viel Widerstandskraft geben will,
wie wir brauchen.
Aber er gibt sie nicht im Voraus,
damit wir uns nicht auf uns selbst,
sondern allein auf ihn verlassen.
In solchem Glauben müsste alle Angst
vor der Zukunft überwunden sein.

Ich glaube,
dass auch unsere Fehler und Irrtümer nicht vergeblich sind,
und dass es Gott nicht schwerer ist, mit ihnen fertig zu werden,
als mit unseren vermeintlichen Guttaten.

Ich glaube,
dass Gott kein zeitloses Fatum* ist,
sondern dass er auf aufrichtige Gebete
und verantwortliche Taten wartet und antwortet.

Dietrich Bonhoeffer

* Fatum = Schicksal, Vorsehung

*Dietrich Bonhoeffer: Widerstand und Ergebung © 1998, Gütersloher Verlagshaus, Gütersloh, in der Verlagsgruppe Random House GmbH*

**Eine Gruppe von Mitschülerinnen und Mitschülern bereitet einen Schulgottesdienst zum Thema „Schöpfung/Klimawandel“ vor und macht den Vorschlag, „Dietrich Bonhoeffers Glaubensbekenntnis“ im Gottesdienst zu sprechen. Findet mehr über Dietrich Bonhoeffer heraus und überlegt, ob ihr dem Vorschlag zustimmen würdet.**

# Sterbehilfe – Pro und Kontra

## Jahrgang 9/10

„Nie werde ich irgend jemandem, auch nicht auf Verlangen, ein tödliches Mittel verabreichen oder auch nur einen Rat dazu erteilen.“ Der Eid des Hippokrates (Lebensdaten: etwa 460 bis 377 v. Chr.) zeigt, dass das Thema „Sterbehilfe“ nicht neu ist. Allerdings haben die neuen Möglichkeiten der Medizin und die Legalisierung der Euthanasie durch das niederländische Parlament im Jahr 2000 in Deutschland eine neue Diskussion über die aktive Sterbehilfe ausgelöst. Die Vernichtung „unwerten Lebens“ im Dritten Reich hat für die deutsche Diskussion zum Thema besondere Relevanz. Im Gegensatz zu den Niederlanden, wo Ärzte Schwerkranken aktive Hilfe beim Sterben geben dürfen, ist dieses in Deutschland verboten. Dabei scheint das niederländische Modell plausibel. Es entlastet den Sterbenden von seinem Leiden und die Hoffnung auf einen leichten Tod steht für ein Ende ohne Schrecken. So bejahen auch 64 % der deutschen Bevölkerung die Sterbehilfe, wenn die Aussicht auf Heilung nicht besteht und Leiden zu erwarten ist.

Schülerinnen und Schüler nehmen oftmals sehr schnell eine befürwortende Position zum Thema „Sterbehilfe“ ein, wobei es in der Regel vorher in seiner Differenziertheit nicht bedacht wurde.

Das Material mit den aufgelisteten Pro- und Kontra-Argumenten (**M13**) soll den Schülerinnen und Schülern ein differenziertes Hineindenken in christliche und humanistische Positionen zum Thema „Sterbehilfe“ ermöglichen und als Einstieg für die Auseinandersetzung mit der Frage dienen: Was darf der Mensch und was darf er nicht? Aus oben genannten Gründen ist das Thema anhand der nachstehenden Fragen und Impulse und der Ideen zur Weiterarbeit grundlegend zu erörtern. Möglichkeiten der Palliativmedizin und der Hospizarbeit sind dabei ebenso wichtig wie Patientenverfügung, passive Sterbehilfe und kirchliche Positionen. Die Frage, inwieweit die Medien oder ein übersteigerter gesellschaftlicher Leistungsgedanke entsprechende Entscheidungen für die Sterbehilfe beeinflussen, ist unbedingt in den Blick zu nehmen. Dabei soll den Schülerinnen und Schülern bewusst werden, dass vorschnelle Urteile der Komplexität nicht gerecht werden und die Frage „Sterbehilfe – Pro oder Kontra?“ sich im Unterricht nicht abschließend beantworten lässt. Ziel des Unterrichts ist, dass die Schülerinnen und Schüler unter Einbeziehung theologischer Argumente in einen ethischen Diskurs eintreten, sich einen eigenen Standpunkt erarbeiten und diesen argumentativ vertreten.

### Fragen und Impulse

- Wähle die für dich wichtigsten Pro- und Kontra-Argumente aus und gib sie mit deinen eigenen Worten wieder.
- Tauscht euch in kleinen Gruppen über eure Auswahl aus.
- Stellt die wichtigsten Argumente eurer Gruppe zusammen und sprecht im Plenum darüber.

- Wie beurteilt ihr das Argument „Menschen seien verführbar und ließen sich zu einem unnötigen Sterbewunsch hinreißen?“ (Zeile 66). Nehmen Medien tatsächlich auf die Diskussion um die Sterbehilfe Einfluss? Wenn ja, welchen?
- Ein Argument lautet: „ Das Leben sei ein Geschenk Gottes (vgl. 1. Mose 2,7), über das der Mensch nicht eigenmächtig, nach Gutdünken verfügen dürfe“ (Zeilen 50–53). Nimm Stellung dazu.
- Welche Position vertritt die evangelische Kirche? Welche Position vertritt die katholische Kirche?
- In der Bibel gibt es ein Gebot. Es steht 2. Mose 20, Vers 13. Kann man das Gebot auf das Thema „Sterbehilfe“ anwenden?

## Ideen zur Weiterarbeit

- Besuch einer Sozialstation oder Gespräch mit einer Mitarbeiterin oder einem Mitarbeiter eines Hospizes
- Einladung einer Pastorin/eines Pastors in die Schule und Befragung zum Thema „Sterbehilfe“

# Sterbehilfe – Pro und Kontra

**Pro:**

- Befürworter argumentieren, die Sterbehilfe erlaube ein sanftes Ableben und vermeide so unnötiges Leid (Schmerzen) am Ende schwerer Krankheiten.

- Die heutzutage zur aktiven Sterbehilfe verwendeten Mittel seien sicher, schnell und zuverlässig.

- Die Würde des Menschen lasse sich nicht dadurch gewährleisten, dass man ihn möglichst lange am Leben halte – egal, wie schlecht es ihm gehe, sondern indem man ihm unnötiges Leid und elendes Kranksein erspare.

- Jeder solle selbstverantwortlich, unabhängig und frei über sich entscheiden können – auch über den Sterbezeitpunkt. Zum Recht auf Selbstbestimmtheit gehöre dies dazu.

- Die Praxis der aktiven Sterbehilfe betreffe ohnehin nur todkranke Menschen, die auch ohne Sterbehilfe in kürzester Zeit sterben würden. Von einem zu großen Eingriff in den natürlichen Lebensweg könne also nicht die Rede sein.

- Christliche Maßstäbe (siehe Kontra-Argumente), die oft als Grundlage für eine Gegenargumentation herangezogen werden, dürften nicht für alle Menschen in einem modernen säkularen Staat verbindlich sein und könnten nur für den Einzelnen auf freiwilliger Basis eine Entscheidungshilfe, nicht aber eine Begründung für eine Rechtslage, darstellen. Beispielsweise Atheisten dürfe man nicht vorschreiben, sie müssten Gott die Entscheidung über den Sterbezeitpunkt überlassen oder wegen der sog. Gottesebenbildlichkeit des Menschen von Sterbehilfe Abstand nehmen.

**Kontra:**

- Komplikationen und dadurch verursachtes Leid / Schmerzen seien bei aktiver Sterbehilfe sehr wohl möglich und nicht auszuschließen.

- Keine Diagnose sei vollkommen sicher. Viele bereits verloren geglaubte Menschen hätten sich auch von schweren Krankheiten wieder erholt oder seien durch eine überraschende Wendung wie etwa das Verfügbarwerden eines passenden Organtransplantats gerettet worden. Der Freitod durch Sterbehilfe sei aber endgültig und nicht revidierbar, wenn sich die Faktenlage ändere.

- Sterben sei ein natürlicher Prozess, der zum Leben ganz selbstverständlich dazugehöre und nicht beeinflusst werden solle.

- Es sei anmaßend, den Sterbezeitpunkt selbst festzulegen (Hybris).

- Das Leben sei ein Geschenk Gottes (vgl. Gen 2,7), über das der Mensch nicht eigenmächtig, nach Gutdünken verfügen dürfe.

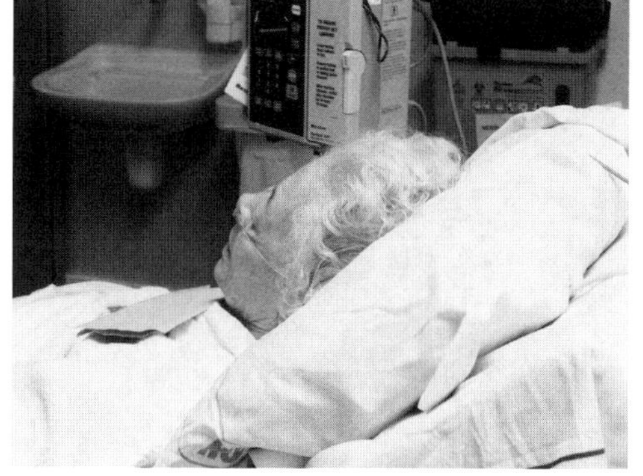

© *melodi2 – stock.xchng*

- Der Umgang mit und die Rücksicht auf Kranke und Schwache sei ein Indikator für den Zivilisationsgrad einer Gesellschaft. Eine hoch entwickelte Gesellschaft müsse sie einbinden können. (vgl Neun-Punkte-Katalog für menschliche Zuwendung statt Euthanasie der Deutschen Hospizstiftung, abrufbar unter: https://www.stiftung-patientenschutz.de/uploads/files/pdf/stellungnahmen/16.pdf)

- Keine der Weltreligionen empfehle die Tötung Sterbender. (vgl. Neun-Punkte-Katalog für menschliche Zuwendung statt Euthanasie der Deutschen Hospizstiftung, abrufbar unter: https://www.stiftung-patientenschutz.de/uploads/files/pdf/stellungnahmen/16.pdf)

- Ex 20,13: „Du sollst nicht töten" – auch nicht Kranke und Sterbende. (Ex 20,13)

- Aufgrund der Gottesebenbildlichkeit des Menschen und seiner besonderen Stellung innerhalb der Schöpfung verfüge jeder über eine unbedingte Menschenwürde, die auch für Schwerstkranke gelte, sodass deren Tötung nicht zulässig sei.

- Die geistlich gemeinte „Freiheit eines Christenmenschen", die Luther einst formulierte, sei kein Freibrief, alles tun und nach eigenem Ermessen auch töten zu dürfen (z.B. Ex 20,13).

- Menschen seien verführbar und ließen sich zu einem unnötigen Sterbewunsch hinreißen (Medien/Umfeld).

- Die Forderung nach Sterbehilfe sei Teil der Verdrängung von Leid und der Tabuisierung des Tods in einer leistungszentrierten Spaßgesellschaft.

- Der von den Befürwortern hochgehaltene freie Wille sei nicht so frei, wie es den Anschein habe. Gäbe es die Möglichkeit, aktive Sterbehilfe in Anspruch zu nehmen, könne aus der Möglichkeit schnell eine Verpflichtung (moralischer Zwang) werden. Betroffene wie etwa Pflegebedürftige könnten sich genötigt füh-

len, die Sterbehilfe in Anspruch zu nehmen, um der Gesellschaft oder den Angehörigen nicht zur Last zu fallen.

*© Ben Garwicker, Garrison Photography, www.garrisonphoto.org/sxc*

- Die Sterbehilfe stelle einen „Dammbruch für Willkür und Kostendruck" dar. Sei die absolute Hochachtung vor dem Leben einmal aufgeweicht, könnten auch radikale, dem Kostendruck im Gesundheitswesen geschuldete Positionen wie „Keine Operationen mehr für Menschen über 70" schleichend Akzeptanz finden. (vgl. Neun-Punkte-Katalog für menschliche Zuwendung statt Euthanasie der Deutschen Hospizstiftung, abrufbar unter: https://www.stiftung-patientenschutz.de/uploads/files/pdf/stellungnahmen/16.pdf)

- Manche Kritiker sähen in der aktiven Sterbehilfe, die in manchen Ländern sogar offiziell „Euthanasie" heiße, einen fatalen Vorstoß in die Richtung der „Vernichtung unwerten Lebens" im Nationalsozialismus: Wenn es erst einmal normal, also gesellschaftlich anerkannt, werde, dass Schwerkranke von Menschenhand den Tod fänden, so könnten, wie manche befürchten, als Nächstes zum Beispiel Schwerbehinderte an der Reihe sein.

- Für die beteiligten Ärzte könnten sich Gewissenskonflikte ergeben. Einerseits sei es ihre per Eid bestätigte Aufgabe, Leben um jeden Preis zu retten. Das Töten von Patienten könne, selbst wenn diese dies als ihren Wunsch formulieren, für Ärzte ein schweres moralisches Problem darstellen.

- Ferner sei es anmaßend, wenn Ärzte darüber entscheiden dürften, welche Patienten krank genug für Sterbehilfe seien, also die Ärzte eigenverantwortlich über Leben und Tod entschieden.

- Zudem gebe es mit der Palliativmedizin und der Hospizbewegung überzeugende Alternativen für Betroffene. Würdiges Sterben sei so ohne Sterbehilfe möglich. Übermäßige Schmerzen ließen sich palliativmedizinisch weitgehend vermeiden.

*© Sebastian Steiner, www.schulstoff.net*

Über Sterbehilfe denken Menschen unterschiedlich. Das Interview beschreibt zwei Positionen zur Sterbehilfe. Wie stehst du zu den im Interview geäußerten Meinungen? Begründe deine Position.

# „Die anderen haben einen Papst und wir haben Martin Luther“ – Evangelisch – Katholisch

## Jahrgang 7/8

„Die anderen haben einen Papst und wir haben Martin Luther – aber ich glaube, der ist schon tot.“ In dieser Schüleraussage wird deutlich, dass die Kenntnisse über die Konfession „der anderen“ sowie über die eigene Konfession eher gering sind. Was hier für einen Schüler gesagt wird, trifft ebenso auf viele Erwachsene zu. Auch wenn man davon ausgehen kann, dass rund 60 % der Bevölkerung der Bundesrepublik einer der beiden Kirchen angehört, können immer weniger Kirchenmitglieder Auskunft darüber geben, was ihre Konfession ausmacht und worin sie sich von der jeweils anderen Konfession unterscheidet. Das mag daran liegen, dass Konfessionsunterschiede in der heutigen Gesellschaft kaum noch eine Rolle spielen und bei vielen ein Unverständnis darüber herrscht, warum die Kirchen sich nicht vereinen. Vielen Kindern wird erst in der Schule bei der Einteilung in Lerngruppen für evangelischen und katholischen Religionsunterricht deutlich, dass es Unterschiede zwischen den Konfessionen gibt. Viele Verantwortliche fordern einen gemeinsamen konfessionell-kooperativen Religionsunterricht. Gegen diese Forderung ist an sich nichts einzuwenden. Die Bedingung wäre allerdings, dass es in einem solchen Unterricht nicht zu einem „verwaschenen Ökumenismus“ kommt. Bei allen Gemeinsamkeiten gibt es Unterschiede, die sich in der Praxis – sprich im Leben von Menschen evangelischer oder katholischer Konfession – auswirken.

Hier setzt das Material (**M14**) an. Anhand von Beispielen aus der Lebenswelt sollen Gemeinsamkeiten und Unterschiede der Konfessionen deutlich werden. Die Auseinandersetzung mit den Praxisbeispielen und damit mit der eigenen und der jeweils anderen Konfession soll den Schülerinnen und Schülern Wissen vermitteln, das für eine kriteriengeleitete Bewertung unbedingt erforderlich ist. Zudem soll es sie befähigen, einen eigenen Standpunkt zu entwickeln und der anderen Konfession tolerant und mit Achtung zu begegnen.

Um die Beispiele kriteriengeleitet bewerten zu können, bietet sich folgendes Vorgehen an:

a) Feststellung des Problems
b) Situationsanalyse
c) Erörterung der Verhaltensalternativen
d) Prüfung der konfessionellen Besonderheiten
e) Prüfung der Konsequenzen für die Beteiligten
f) Urteilsentscheid

Um die Kompetenz anzubahnen, wird das Spiel (**M14**) im Unterricht eingesetzt. Zur Vorbereitung werden die abgedruckten Kärtchen ggf. vergrößert, kopiert, auf stärkeren Karton geklebt und ausgeschnitten. Im Unterricht werden die Karten mit den Aussagen zum Thema „Evangelisch/Katholisch“ verdeckt in der Mitte eines Stuhlkreises ausgebreitet. Jede Schülerin und jeder Schüler erhält vor dem Spiel eine „Ja-Karte“ und eine „Nein-Karte“. Im Anschluss liest die/der Unterrichtende jeweils eine Aussagekarte vor und die Schülerinnen und Schüler legen entsprechend ihrer Vermutung eine „Ja-“

oder eine „Nein-Karte“ verdeckt vor sich. Auf Kommando der/des Unterrichtenden werden die Karten umgedreht.

Die Anzahl der „Ja-“ bzw. der „Nein-Karten“ wird festgehalten. Ebenso wird mit den weiteren Aussagen verfahren. Nach diesem Einstieg ordnen sich die Schülerinnen und Schüler in Kleingruppen einer selbst gewählten Aussage zu und finden als Experten heraus, ob die jeweilige Aussage mit Ja oder Nein zu beantworten ist. Dieses kann mit Hilfe zur Verfügung gestellter Materialien, durch eine Recherche im Internet, durch Gespräche mit Gemeindemitgliedern, Gespräche mit der Pfarrerin/dem Pfarrer usw. geschehen. Im Anschluss berichten die Expertinnen und Experten über ihre Ergebnisse und vergleichen diese mit den festgehaltenen Vermutungen. Anhand einiger ausgewählter Aussagen sollte die Lehrkraft im Folgenden die Urteilsfähigkeit ihrer Schülerinnen und Schüler anbahnen, indem die Konsequenzen des Expertenergebnisses für die Beteiligten bedacht werden. So könnte z.B. herausgearbeitet werden, dass die Ehe zwischen einer evangelischen Pfarrerin und einem katholischen Partner zwar möglich ist, aber andere Konsequenzen mit sich bringen kann als für Menschen ohne ein solches Amt. Dieses ist bei einem abschließenden Urteilsentscheid mit zu bedenken.

## Lösungen

1) evangelisch: ja; katholisch: nein
2) ja
3) nein: Taufe wird bei Konversion wechselseitig anerkannt
4) nein: einziger Unterschied: „Ich glaube an den Heiligen Geist, die heilige katholische (evangelisch: christliche) Kirche.“
5) ja
6) nein
7) nein
8) nein
9) ja
10) nein
11) ja
12) ja
13) nein: Große mittelalterliche Kirchen haben oft die Form eines Kreuzes mit einer Längs- und einer (oder seltener mehreren) Querachsen. Die Längsachsen wurden in Ost-West-Richtung ausgerichtet. Der Chor mit dem Altar ist also in der Regel im Osten (Richtung Sonnenaufgang), der Haupteingang entweder im Westen oder im Norden bzw. Süden. Dennoch sind heute nicht mehr alle Kirchen entsprechend ausgerichtet.
14) nein

## Ideen zur Weiterarbeit

- Gespräch mit einer Pfarrerin/einem Pfarrer über die jeweiligen Konfessionen
- Erstellung eines Quiz zum Thema für die andere Klasse/Geschwister/Eltern
- Diskussion zum Thema „Konfessionen – Pro und Kontra“
- Besuch einer evangelischen und einer katholischen Kirche

1) Du sollst Patin/Pate bei der Tochter deiner Nachbarin werden. Die Nachbarin hat eine andere Konfession.
Ist das möglich?

2) Deine Schwester ist evangelische Pfarrerin und möchte einen katholischen Mann heiraten.
Ist das möglich?

3) Die Mutter (ev.) deiner Freundin möchte sich katholisch taufen lassen.
Ist das möglich?

4) Dein Onkel behauptet: In der evangelischen Kirche wird das evangelische Glaubensbekenntnis gesprochen, in der katholischen Kirche das katholische Glaubensbekenntnis.
Stimmt das?

5) Ein Mitschüler sagt, dass er im Urlaub in einem evangelischen Kloster war und es dort evangelische Mönche und Nonnen gab.
Kann das stimmen?

6) In eurer Straße ist eine alte Frau gestorben. Sie war katholisch und hat in ihrem Testament verfügt, dass sie eine Feuerbestattung wünscht. Eine Nachbarin sagt: „Das ist für Katholiken nicht möglich."
Stimmt das?

7) Ihr seid zu Besuch in Bayern. Dein Vater (ev.) möchte gerne am Sonntag in der katholischen Kirche am Abendmahl (Eucharistie) teilnehmen.
Ist das möglich?

8) Im Religionsunterricht behauptet ein Mitschüler, dass er sich in der evangelischen Kirche mit Weihwasser bekreuzigt habe.
Ist das möglich?

9) Ein Freund sagt am Sonntag die Teilnahme an einem Fußballspiel ab, weil er als Katholik die Pflicht habe, am Sonntag in die Kirche zu gehen.
Stimmt das?

10) Dein Cousin behauptet: „Während der Erstkommunion erhalten evangelische Kinder ihr erstes Abendmahl."
Stimmt das?

11) Dein Nachbar (ev.) möchte eine geschiedene Frau (kath.) heiraten und sich in der sehr schönen katholischen Kirche eures Ortes trauen lassen.
Deine Schwester sagt, dass das nicht möglich ist.
Hat sie recht?

12) Der evangelische Pfarrer traut nicht nur ein rein evangelisches, sondern auch ein gemischt-konfessionelles Paar. Dazu benötigt der katholische Partner die schriftliche Genehmigung seiner eigenen Kirche.
Stimmt das?

13) Ihr sucht auf der Klassenfahrt den Weg zurück zur Jugendherberge. Ein Freund sagt, dass man sich leicht an der Kirche orientieren kann. Die Apsis sei immer nach Osten ausgerichtet.
Stimmt das?

14) Ein Mitschüler berichtet, dass er im Frühjahr das Sakrament der Konfirmation erhalten werde.
Kann das sein?

Ja

Nein

# Die Bergpredigt – ein Programm gegen Gewalt!?

## Jahrgang 9/10

Die Bergpredigt ist eine Komposition des Evangelisten Matthäus. Vergleicht man sie mit der Feldrede in Lk 6, 20–49, zeigt sich, dass Mt als Vorlage die Logienquelle Q sowie Sondergut verwendet und dieses in den Kontext der Gemeindesituation stellt. Im Text (**M15**) werden diejenigen gepriesen, die auf das Kommen des Gottesreiches angewiesen sind und ihr Handeln darauf ausrichten. Ihnen wird Gottes Nähe zugesagt. Der hier durch Jesus zugesagte Heilszuspruch hat in der weiteren Rezeption eine Ethisierung erfahren. So können die Seligpreisungen als Zuspruch und Ermahnung gelesen werden. Diese Spannung ist bedeutsam, um eine einseitige Ethisierung abzuweisen.

Schülerinnen und Schüler erfahren täglich eine von Konflikten und Gewalt bestimmte Welt. Fragen der Konfliktbewältigung zwischen Staaten und Gruppen prägen ebenso wie das Erleben von Gewalt im unmittelbaren Erlebnishorizont (Mobbing, Auseinandersetzungen in der Klasse und auf dem Pausenhof, Gewaltvideos …) das eigene Weltbild. In diesem Kontext wird die Auseinandersetzung mit den Seligpreisungen der Bergpredigt (**M15**) zu einer besonderen Herausforderung für die Unterrichtenden. Im Religionsunterricht sollte daher sehr bewusst und reflektiert mit dem Text (**M15**) umgegangen werden. Dabei ist den Schülerinnen und Schülern deutlich zu machen, dass er nicht als moralischer Anspruch zu verstehen, sondern kritisch zu reflektieren ist. Die enthaltenen Forderungen zum Gewaltverzicht werfen dabei die Frage auf, ob die Ethik der Bergpredigt in dieser Welt realistisch und umsetzbar ist. Viele Jugendliche werden diese Frage verneinen. Im Unterricht sollten die Jugendlichen dennoch ermutigt werden, anhand der Seligpreisungen eigene Überzeugungen darzulegen und kritisch zu beurteilen. Ziel des Unterrichts ist die Deutung der Bergpredigt und ein sich daran anschließendes Nachdenken über eigenes Handeln.

Im Zentrum des Unterrichts steht die Frage, ob die Seligpreisungen der Bergpredigt handlungsleitend für unser Leben sein könnten. Methodisch steht zunächst die genaue Lektüre des Textes (**M15**) und die Klärung offener Fragen im Vordergrund. Hiervon ausgehend ist die Frage zu stellen, ob die Seligpreisungen Möglichkeiten zur eigenen Lebensgestaltung aufzeigen. Dazu könnte die unter den Materialien stehende Frage genutzt werden. Eine produktive Weiterführung könnte mit Hilfe des methodischen Kunstgriffs eines Experimentes gelingen: Wir machen heute ein Experiment und stellen uns vor, dass die Worte der Seligpreisungen in dieser Welt umgesetzt würden. Was würde sich allgemein und in eurem Leben ändern? Eine weitere Möglichkeit ist die Auseinandersetzung mit dem zweiten Text (**M16**). In beiden Fällen geht es um die Reflexion eigenen Handelns und die Herausarbeitung einer eigenen Position. Hilfreich ist ebenso die Klärung der Fragen: Wodurch zeichnet sich Frieden aus? Und: Was ist Gerechtigkeit? Wichtig ist, dass der Unterricht nicht bei einem einseitigen gesinnungsethischen Ansatz stehen bleibt, sondern Handlungsdispositionen entwickelt und die Umsetzung im Rahmen eines Klassen- oder Schulprojektes erprobt. So kann das Gelernte überprüft werden. Die Reflexion der Projekterfahrungen und der Rückbezug auf die Seligpreisungen bilden hierbei den Abschluss.

## Fragen und Impulse

- Welche Themen werden in den Seligpreisungen der Bergpredigt (**M15**) angesprochen?
- Stellt einander die Themen vor und sucht Bilder in Zeitschriften und im Internet, die zu den Themen passen.
- Erstellt in Gruppen mit den Bildern zu den einzelnen Themen der Seligpreisungen eine Collage, die die Spannung zwischen der „alten“ und der „neuen“ Welt zum Ausdruck bringt.
- Diskutiert, ob die Seligpreisungen für das Leben in der heutigen Welt überhaupt noch brauchbar sind.
- Lest den Text „Mit der Bibel Politik machen?“ (**M16**). Welche neuen Aspekte zu den Seligpreisungen benennt er?
- Findet Beispiele aus der heutigen Zeit, die der Botschaft der Bergpredigt widersprechen.
- Erstellt in Gruppen zwei Fotos mit jeweils einem Standbild. Das erste stellt die Botschaft der Bergpredigt dar, das zweite ein Beispiel aus dem heutigen Leben.
- Welche Schlüsse aus der Auseinandersetzung mit der Bergpredigt lassen sich konkret in der Klassengemeinschaft oder in der Schule umsetzen?

## Ideen zur Weiterarbeit

- Thematisierung von Erfahrungen und vom alltäglichen Umgang mit Gewalt
- Erarbeitung von exemplarischen Beispielen zur Deeskalation von Gewalt
- Auseinandersetzung mit beispielhaftem Handeln im Kontext der Bergpredigt (Leymah Gbowee, Liu Xiaobo, Ärzte ohne Grenzen ….)
- Internetrecherche zum Thema „Gewaltloser Widerstand“
- Diskussion über die Grenzen des gewaltlosen Widerstands
- Vergleich der „Seligpreisungen“ im Matthäus- und im Lukas-Evangelium (Lk 6, 20–49)
- Einladung einer Pastorin/eines Pastors und einer Bundeswehroffizierin/eines Bundeswehroffiziers in die Schule und Befragung zu den Seligpreisungen

# Seligpreisungen der Bergpredigt

1 Als er aber das Volk sah, ging er auf einen Berg und setzte sich; und seine Jünger traten zu ihm. 2 Und er tat seinen Mund auf, lehrte sie und sprach: 3 Selig sind, die da geistlich arm sind; denn ihrer ist das Himmelreich. 4 Selig sind, die da Leid tragen; denn sie sollen getröstet werden. 5 Selig sind die Sanftmütigen; denn sie werden das Erdreich besitzen. 6 Selig sind, die da hungert und dürstet nach der Gerechtigkeit; denn sie sollen satt werden. 7 Selig sind die Barmherzigen; denn sie werden Barmherzigkeit erlangen. 8 Selig sind, die reinen Herzens sind; denn sie werden Gott schauen. 9 Selig sind die Friedfertigen; denn sie werden Gottes Kinder heißen. 10 Selig sind, die um der Gerechtigkeit willen verfolgt werden; denn ihrer ist das Himmelreich. 11 Selig seid ihr, wenn euch die Menschen um meinetwillen schmähen und verfolgen und reden allerlei Übles gegen euch, wenn sie damit lügen. 12 Seid fröhlich und getrost; es wird euch im Himmel reichlich belohnt werden. Denn ebenso haben sie verfolgt die Propheten, die vor euch gewesen sind.

*Mt 5, 1–12*
*Lutherbibel, revidierter Text 1984, durchgesehene Ausgabe, © 1999 Deutsche Bibelgesellschaft, Stuttgart*

*Berg der Seligpreisungen von Kafarnaum aus gesehen, Fotograf: Berthold Werner*

# Mit der Bibel Politik machen?

Es war im Jahr 1983. Drei Palästinenserfamilien aus dem Libanon suchten in der evangelischen Berliner Heilig-Kreuz-Gemeinde um Asyl nach. Die Gemeinde half sofort.

Denn einen Monat zuvor war Cemal Altun, kurdisch-türkischer Asylbewerber, aus Angst vor seiner Abschiebung aus dem Fenster eines Berliner Gerichtssaales in den Tod gesprungen. Die humanitäre Hilfe für die Palästinenser hatte Erfolg: Sie bewahrte die Betroffenen vor der Abschiebung in das vom Bürgerkrieg geschüttelte Land und führte zu einem generellen Abschiebestopp in den Libanon.

Dieser Akt zivilen Ungehorsams gilt als Beginn der modernen kirchlichen Asylbewegung. Bis heute haben in fast 600 Fällen Kirchengemeinden Asyl gewährt. Sie verstecken Ausländer, die um Leben und Gesundheit bangen.

Sie tun es öffentlich oder im Geheimen. Und sie berufen sich auf das Gebot: „Wenn ein Fremdling bei euch wohnt, sollt ihr ihn nicht bedrücken" (3. Buch Mose, Kapitel 19, Vers 33).

Mit der Bibel Politik machen? Warum nicht. Sie eignet sich gut dafür. Das Buch der Bücher steckt voller ethischer Empfehlungen. Am bekanntesten sind die Zehn Gebote im Alten Testament und die Bergpredigt im Neuen Testament.

Die Zehn Gebote gleichen einem Kalender an Vorschriften („Du sollst nicht töten", „Du sollst nicht begehren deines nächsten Weib …"), die Bergpredigt (Matthäusevangelium, Kapitel 5 bis 7) mit ihrem Kernstück, den so genannten Seligpreisungen, eher einer Sammlung aus Lebensweisheiten, moralischen Forderungen und programmatischen Auskünften über das kommende Reich Gottes.

Und mittendrin Sätze wie diese: „Freuen dürfen sich alle, die Frieden stiften – Gott wird sie als seine Söhne und Töchter annehmen", „Freuen dürfen sich alle, die barmherzig sind …", „Freuen dürfen sich alle, die verfolgt werden, weil sie tun, was Gott will …"

Allerdings sollte man dem Missverständnis entgehen, dass es in der Bibel für jede Situation eine passende Anleitung gibt. So lässt sich etwa das Gebot „Du sollst nicht töten" allenfalls indirekt gegen die heutige Praxis der Abtreibungen ins Feld führen (die war historisch einfach nicht mitgedacht). Und das jüdische und urchristliche Zinsverbot taugt nicht als Regel für das heutige Bankensystem.

Aber es ergeben sich aus den Regeln der Bibel wichtige Grundsätze, die bis heute ihre Geltung haben. Eine der Mahnungen Jesu heißt: „Liebet eure Feinde und betet für die, die euch verfolgen!" Aus diesem Grund haben die christlichen Kirchen vor dem Irakkrieg gewarnt. Dieses Bibelwort verpflichtet alle Christen, immer wieder streng zu prüfen, wie sie „Feinden" ohne Gewalt begegnen können. Ein anderer zentraler Grundsatz heißt: „Wenn dich einer auf die rechte Backe schlägt, halte

ihm auch die andere hin.“ Man liest dieses Gebot heute als Appell gegen die Rechthaberei.

Die Seligpreisung der Verfolgten wiederum enthält die Aufforderung, sich um diese Menschen zu kümmern. Das biblische Zinsverbot schließlich setzt einen Akzent gegen rücksichtsloses Gewinnstreben.

Das Evangelium ist allerdings kein politisches Programm. Wer Politik mit der Bibel machen will, muss sie mit Verstand und im historischen Zusammenhang lesen. Und selbst wenn die Forderungen nach Gewaltverzicht, Feindesliebe oder persönlicher Armut in vielen Fällen als unerfüllbar erscheinen, haben sie doch ihre Bedeutung: Sie sind ein Gegenprogramm zu Egoismus und Rücksichtslosigkeit, Herrschsucht und Gewalt in der Gesellschaft. Neue Gesetze, schon gar eine erschöpfende ethische Lehre auszuarbeiten – das war nicht die Absicht des Mannes aus Nazareth.

Es wundert deshalb nicht, dass in den achtziger Jahren sowohl Anhänger der Friedensbewegung als auch Militärs auf Bibelzitate zurückgriffen: die einen, um die Rüstungsspirale zu durchbrechen, die anderen, um ihre Pflicht zum Schutz von Leben und Freiheit zu unterstreichen.

Wer mit der Bibel Politik macht, sollte beachten: Die Verhaltensempfehlungen stehen in einem religiösen Zusammenhang. Die Bergpredigt ist eine Verheißung, keine Verordnung. Sie stellt eine neue Welt in Aussicht, aus der Ungerechtigkeit, Gewalt und Zerstreuung gebannt sind. Nicht die Menschen schaffen diese neue Welt, sondern Gott. Weil die Menschen von seiner Gnade berührt sind, setzen sie sich für Veränderungen ein. Ob die Ziele der Menschen und die Gottes im Einklang sind, die Frage bleibt letztlich offen.

*Eduard Kopp aus: „Religion für Einsteiger“*

*© edition chrismon*

Manche sagen: „Die Bergpredigt ist völlig unrealistisch. So kann kein Mensch leben.“ Der frühere Reichskanzler Bismarck sagte: „Mit der Bergpredigt kann man keine Politik machen“ und setzte bei Bedarf auf Waffengewalt. Alt-Bundeskanzler Helmut Schmidt sagte: „Mit der Bergpredigt kann man nicht regieren“ und verteidigte die Nachrüstung der NATO mit Atomraketen. Auch manche Christen haben Schwierigkeiten mit dem Text. Sie sagen: „Danach können Mönche leben, für einen Menschen im normalen Alltag ist das nichts.“
Wie ist deine Meinung? Könnte die Bergpredigt ein Programm gegen Gewalt sein?

# Hilfe, ich werde gemobbt

## Jahrgang 7/8

Menschenwürde gründet sich theologisch zum einen in der im Buch Genesis dargelegten Gottesebenbildlichkeit. Ebenso verdeutlicht sich in Jesus von Nazareth die radikale Option Gottes für die Menschen: Gott hat sich in Jesus nicht als Wohlhabender oder Mächtiger offenbart, sondern als Armer und Gedemütigter. Jesus wurde als Gefangener misshandelt, er erlitt die grausamste Form der Todesstrafe und wird von Gott zum ewigen Leben erweckt. Mit den heutigen Opfern von Gewalt und Herrschaft wird Jesus einmal mehr gekreuzigt. Die Verletzung der Menschenwürde berührt damit den Kern des Glaubens.

In der Lehre des Paulus ist der Mensch vor aller Leistung gerechtfertigt. Gott schaut nicht auf unsere Taten, sondern was letztlich zählt, ist seine Gnade. Jeder Mensch hat dadurch vor Gott denselben Wert. In seiner Gnade rechtfertigt Gott auch die Schwachen. Hier liegt ein Grund für die Verantwortung der Christen, sich für die Würde jedes menschlichen Wesens einzusetzen.

Der Begriff Mobbing stammt aus dem Englischen. Er bedeutet anpöbeln, fertigmachen (*mob = Pöbel*). Unter Mobbing versteht man eine Form offener und/oder subtiler Gewalt gegen Personen über längere Zeit. Ziel ist die soziale Ausgrenzung. An Schulen ist Mobbing kein neues Phänomen. Fast alle Schülerinnen und Schüler kennen es aus ihrem direkten Lebensumfeld. Gründe für Mobbing sind z. B. Mode-Normen (Markenkleidung), Verhaltensnormen im Unterricht („Streber!"), beginnende gegengeschlechtliche Freundschaften (Eifersucht, Rivalität), körperliche Unzulänglichkeiten usw. Beispiele für Mobbing sind Ausgrenzung aus der Klassengemeinschaft, Beschädigen von Materialien, Auslachen, ungerechtfertigte Beschuldigungen, Schlagen auf dem Pausenhof, Erpressung und Bedrohung, sexuelle Belästigungen. Während Jungen eher zu offener Aggression neigen und ihr Gegenüber körperlich oder verbal angreifen, tendieren Mädchen eher zu subtileren Formen, wie z. B. Gerüchte verbreiten oder soziales Ausgrenzen. Aber Schülerinnen und Schüler sind nicht nur Täter. Sie werden auch Opfer von Demütigungen, die von Lehrkräften ausgehen. Täter sind Lehrerinnen und Lehrer, die Schülerinnen und Schüler nach missglückten Arbeiten vor der Klasse bloßstellen, schlechte Noten öffentlich triumphierend bekannt geben, ironische Bemerkungen machen und Kinder und Jugendliche damit verletzen. Außenstehende stehen dem Phänomen oft ratlos gegenüber, während die Opfer die Schuld häufig bei sich selbst suchen. Dabei geraten sie zunehmend in eine soziale Isolation. Wird das Thema Mobbing in der Schule öffentlich, sind Lehrkräfte meist überrascht. Die geschilderten Schikanen geschehen oft subtil und in der Regel außerhalb des Unterrichts (ausgenommen von Lehrkräften ausgehendes Mobbing). Pausenhöfe oder der Schulweg sind zentrale Orte des Mobbings.

In diesem Kontext steht das Beispiel aus einem Internetforum (**M17**). Es gibt die Aussagen eines jungen Mädchens wieder. Der didaktische Ansatz geht davon aus, dass durch diesen Beitrag eine Auseinandersetzung mit eigenen Mobbingerlebnissen aktiviert wird. Damit sollen eigene Erfahrungen und Gefühle als Täter, Opfer oder Zuschauer wahrgenommen und sensibel in das Klassengespräch einbezogen werden.

Daran anschließend muss der ethische Konflikt, in dem sich die/der Einzelne befindet, herausgearbeitet werden. Auf dieser Grundlage können die unterschiedlichen Perspektiven (Täter, Vany, Mitschülerinnen und Mitschüler) eingenommen und jeweilige Entscheidungsmöglichkeiten entwickelt und verschriftlicht werden. Um die theologische Dimension des Themas zu verdeutlichen, geht es abschließend darum, die herausgearbeiteten Optionen ins Verhältnis zu dem Gebet „Dein Reich komme" (**M18**) zu setzen. Dazu wird der Inhalt des Gebetes von der Unterrichtenden/dem Unterrichtenden als mögliche Handlungsanweisung ins Spiel gebracht. Die Schülerinnen und Schüler erhalten nun die Aufgabe, die Aussagen des Gebetes konsequent im dargelegten Konfliktgeschehen anzuwenden. Welche Konsequenzen ergeben sich daraus für Vany, die Täter, die Umherstehenden …? Dabei ist es wichtig, die sich im Gebet (**M18**) verdeutlichende Parteinahme für die Würde jedes einzelnen Menschen als praktikables und lohnendes Ziel für alle Beteiligten herauszuarbeiten.

## Fragen und Impulse

- Informiert euch über Mobbing. Nutzt dazu das Internet oder fragt bei der Beratungslehrerin/dem Beratungslehrer nach.
- Versetzt euch in die Situation von Vany (**M17**). Stellt die von Vany beschriebe „Versammlung" in Gruppen in einem Standbild dar. Achtet darauf, dass die Gefühle aller Beteiligten zum Ausdruck kommen.
- Präsentiert einander eure Ergebnisse.
- Beantwortet in Einzelarbeit die unter dem Beispiel stehende Frage.
- Tragt eure Arbeitsergebnisse in Gruppen oder im Plenum in einer Tabelle zusammen.
- Lest nun das Gebet (**M18**) und wendet den Inhalt als mögliche Handlungsanweisung auf den Konflikt an.
- Ergänzt die Tabelle um eine weitere Spalte und tragt ein, inwieweit sich die Situation für die jeweils Beteiligten verändert.
- Im Gebet (**M18**) geht es um die Würde des Menschen. Formuliert, worin der Zusammenhang zwischen dem Grundwert der Menschenwürde und dem Phänomen „Mobbing" besteht.

## Ideen zur Weiterarbeit

- Schreiben eines Zeitungsartikels zum Thema „Mobbing und Menschenwürde"
- Erstellung eines Flyers, der sich gegen Mobbing an der Schule einsetzt
- Analyse des Films „Let's Fight It Together" (kann im Internet unter der Adresse www.digizen.org/cyberbullying/fullfilm_de.aspx, Zugriff am 10.01.2012, angesehen werden).

# Hilfe, ich werde gemobbt

Aus einem Internetforum:

**Hallo ich brauche hilfe**

Hallo also ich werde seit 2 monaten in meiner schule gemobbt also ein mädchen hat mir mal gesagt das ich etwas müffel das hab ich aufgenommen und ok ich habe etwas gemüffelt aber danach nie mehr und drei mädchen meinen jetzt weiter das ich müffel und das ich z. B. T-shirts 5 tage oder so anziehe aber das stimmt nicht so und heute haben die drei eine „versammlung" gemacht und mir das alle noch mal gesagt und einige jungs sind dan auch gekommen weil alle da rum standen und mir war das richtig peilich und die drei mädchen wollten auch nicht das die jungs weggehen und ich weiß das ich nicht müffel aber sie mobben mich richtig und sie sagen mir sowas ungefähr alle 2 tage bitte ich brauche hilfe meine noten haben auch gelitten und ich habe auch schon an selbstmord gedacht

*Vany*

**Du surfst im Internet und stößt dabei auf ein Forum, das sich mit Mobbing unter Jugendlichen befasst. Dabei entdeckst du den Eintrag deiner Mitschülerin Vany: Du warst bei der Versammlung anwesend und die drei Mädchen erwarten, dass alle Schülerinnen und Schüler aus deiner Klasse sich am Mobbing gegen Vany beteiligen. Welche Entscheidungsmöglichkeiten hast du? Welche Konsequenzen ergeben sich daraus für Vany, für die Anführerinnen und für dich?**

# Dein Reich komme

Du herrschst
im ruhelosen Wogen der Gezeiten,
Du wirkst
im Aufbau der Kristalle,
Du formst Dich
in den Mustern einer Austernschale,
Du regst dich
in den Gliederfüßchen einer Krabbe.
Du schaust uns an
im neugierigen Blick des Rhesusäffchens,
Du bist die Zärtlichkeit,
mit der ein Kätzchen seine Jungen leckt,
Du bist die Kraft,
mit der die Löwin ihre Beute reißt.

Dein Reich,
das ist die Empörung der Versklavten und Ausgebeuteten,
das ist der Aufschrei der seelisch wie körperlich am Arbeitsplatz Zerbrochenen.

Dein Reich
das ist zu kämpfen, um die Würde jedes Menschen
und um das Daseinsrecht – selbst
des geringsten Teiles Deiner Schöpfung.

Dein Reich,
das ist die Wahrheit, die wir deutlich fühlen.

Darum zerbrich das Lügenreich,
in welchem Menschen über Menschen herrschen.
Vereitle die Eitelkeiten der Mächtigen.
Nimm weg aus unseren Herzen
die angstgeduckte Fügsamkeit,
die falsche Anpassung,
den Untertanengeist des faulen, kopfnickenden,
selbstverlorenen Gehorsams.

Verteidige Dein Ebenbild in uns
und schenke uns die Kraft, nichts „Gott“ zu nennen neben Dir.
Dein Name,
Deine Wirklichkeit,
Dein Wesen,
sei das einzige, das gilt!
Denn nur, wo du herrschst, werden Menschen groß.
Kein Reich der Erde, das sich auf nichts
gründet als auf Waffen, Geld und Arroganz,
beherrsche fortan unsere Herzen.

Herr bist nur Du!
Du einzig Zuverlässiger.
Du einzig Dauerhafter.
Du Ziel der Hoffnung aller Menschen.

Dein Reich komme…

Amen

*aus: Eugen Drewermann und Dalai Lama, Der Weg des Herzens. Herausgegeben von David J. Krieger © Patmos-Verlag der Schwabenverlag AG, Ostfildern 2003, 2. Auflage*

# Kirchenasyl für Roma in Rotenburg

## Jahrgang 7/8

Sowohl im Alten als auch im Neuen Testament werden Situationen, in denen Menschen fremd, anders, einsam oder ausgeschlossen sind, thematisiert. Grundsätzlich besteht dabei die Bereitschaft, Fremden einen Platz in der eigenen Mitte anzubieten, sie zu schützen, sich ihnen zuzuwenden und sie weder sozial noch politisch zu unterdrücken. Diese gründet in dem Bewusstsein, dass die Geschichte Israels ihre Wurzeln in einem Leben in der Fremde hat.

Das Alte Testament ergreift an verschiedenen Stellen die Partei der Fremden. Zusammengefasst finden sich die Schutzgebote für den Umgang mit Fremden im Heiligkeitsgesetz: „Wenn ein Fremdling bei euch wohnt in eurem Lande, den sollt ihr nicht bedrücken. Er soll bei euch wohnen wie ein Einheimischer unter euch, und du sollst ihn lieben wie dich selbst; denn ihr seid auch Fremdlinge gewesen in Ägyptenland. Ich bin der Herr, euer Gott." (3. Mose 19, 33 f.) Der Fremde steht unter dem Schutz Gottes (vgl. 5. Mose 10, 17–20).

Auch das Neue Testament kennt die Erfahrung des Angewiesenseins auf den Nächsten in der Fremde. Bereits der Beginn des Lebens Jesu ist durch Flucht und Fremdsein geprägt. Nur durch das Verlassen der Heimat gelingt es Maria und Josef, Jesus vor Herodes zu schützen (vgl. Mt 2, 16–18). Im Kontext des Themas stehen die Geschichten von der kanaanäischen Frau (Mt 15, 21–28), vom Weltgericht (Mt 25, 31–46), vom barmherzigen Samariter (Lk 10, 25–37) und vom verlorenen Sohn (Lk 15, 11–32). Die Aufnahme eines Fremden, eines Schwachen, eines Gefangenen und eines Ausgestoßenen wird von Jesus mit der Aufnahme seiner selbst gleichgesetzt: „Ich bin ein Fremder gewesen, und ihr habt mich aufgenommen… was ihr getan habt einem von diesen meinen geringsten Brüdern, das habt ihr mir getan" (Mt 25, 35–40). Jesus ist die Erfahrung der Heimatlosigkeit nicht fremd. Nazareth, Jesu „Vaterstadt", wird von ihm verlassen, weil er in ihr keine Wunder wirken kann (Mk 6, 5). Die Jünger werden aufgefordert, Frau und Heimat zu verlassen (Mt 10, 37). Sie teilen mit Jesus ein Leben in der Fremde. Letztlich steht das Kreuz von Golgatha dafür, dass Jesus hier „keinen Ort" hat. Das Licht der Auferstehung macht das Kreuz zur Heimat der Heimatlosen.

Paulus ist diese Lebensweise ebenfalls vertraut. Er selbst – immer unterwegs – hat das Leben der christlichen Gemeinde mit dem Volk Israel auf seiner Wanderung verglichen (Hebr 3, 7ff). Letztlich bleiben Christen Fremde auf Erden – ihre Heimat ist nicht irdisch, sondern das „neue Jerusalem" (Apg 21, 1f; Hebr 11, 10).

Die in der Bibel geschilderten Erfahrungen der Heimatlosigkeit und der Auseinandersetzung mit den Heimatlosen und Fremden haben bis heute Bestand. Nicht erst seit den umstrittenen Thesen von Thilo Sarrazin steht das Thema wieder im Blickpunkt. Es scheint hier, als rückten die Fremden und das Fremde den Menschen in der Bundesrepublik so nahe auf den „Pelz", dass vielen ein Entkommen unmöglich erscheint. Die daraus resultierenden Vorurteile und Antipathien sind auch in Teilen der Schülerschaft deutlich wahrnehmbar. Nach einer bundesweiten Schülerbefragung des Bundesinnenministeriums (BMI) und des Kriminologischen Forschungsinstituts Niedersachsen (KFN) im Jahr 2008 stimmt fast jeder dritte deutsche Schüler der Aussage, es gebe in Deutschland zu viele Ausländer, „voll und ganz" zu. Ein weiteres Drittel der Befragten stimmt „eher" zu.

Das deutet darauf hin, dass Jugendliche Fremde als unheimlich oder bedrohlich erleben. Dieses wird verstärkt, wenn die Schülerinnen und Schüler Menschen begegnen, deren Handlungen, Gesten, Sprache etc. nicht in vorgefasste Interpretationsschemata eingeordnet werden können. In solchen Fällen reagieren sie häufig mit Angst und/oder Ablehnung. Diese können nur überwunden werden, wenn Fremde zum Thema gemacht werden. Besonders produktiv für einen Einstellungswandel gegenüber Fremden ist die Fähigkeit zur Empathie. Das belegt unter anderem die unter dem Konzept der „gruppenbezogenen Menschenfeindlichkeit" von Wilhelm Heitmeyer in den Jahren 2002, 2003 und 2004 durchgeführte repräsentative Stichprobe. Befragt wurden 3000 Personen im Alter von 16 bis 92 Jahren zu Einstellungen wie Fremdenfeindlichkeit, Antisemitismus, Islamphobie usw. „Nur ein von Wissen und Empathie getragenes Engagement, das Schülerinnen und Schüler selbstbewusst und selbstverantwortlich entfalten können, führt zu positiven und andauernden Veränderungen in den Einstellungen gegenüber Menschen und Sachverhalten" (vgl. Schmitt, Rudolf: Deutschland und die „Eine Welt"– Einstellungswandel zum Negativen. www.weltinderschule.uni-bremen.de/wandel.htm, Zugriff am 10.01.2012). In diesem Sinne ist es für den Unterricht unverzichtbar, einen Perspektivwechsel zu initiieren.

Dieser Intention folgt das vorliegende Material (**M19**). Die Schülerinnen und Schüler sollen sich anhand eines Beispiels (**M19**) mit der Situation von Flüchtlingen in Deutschland auseinandersetzen und sich im Anschluss in deren Situation versetzen. Der Unterricht soll damit zur Schaffung eines differenzierteren Urteils und (wenn nötig) zu einer Veränderung der Einstellung beitragen. Gleichzeitig soll der Frage nachgegangen werden, ob Christen eher der Bibel oder dem Gesetz verpflichtet sind.

Methodisch kann dabei wie folgt vorgegangen werden: Zunächst ist es wichtig, dass die Schülerinnen und Schüler sich über die Situation der Roma im Kosovo informieren. Dieses ist mit Hilfe des Internets möglich. Neben Artikeln aus Zeitungsarchiven und Texten von Amnesty International sind kleine Filmberichte zum Thema hilfreich, die über Youtube abgerufen werden können. Kategorien, wie z. B. „politische Situation", „soziale Situation", „Situation von Kindern und Jugendlichen" und „Einzelschicksale", erleichtern den Überblick. Die Ergebnisse werden innerhalb der Klasse zusammengetragen und dokumentiert.

Der nächste Schritt zur Urteilsbildung sieht vor, dass die Schülerinnen und Schüler sich in die Situation der Mutter, der Tochter und des Sohnes versetzen. In Kleingruppen formulieren sie Fragen, die sie den drei Personen gern stellen würden. Diese werden notiert und nun in einem Rotationsverfahren eine Gruppe weitergegeben. Die Schülerinnen und Schüler nehmen in den Kleingruppen die Rolle der Befragten an und beantworten aus der Rolle heraus die Fragen. Die Antworten werden dokumentiert und im folgenden Klassengespräch vorgestellt. Hieran schließt sich ein Gespräch darüber an, ob der Kirchenvorstand richtig gehandelt hat, indem er den Frauen Kirchenasyl gewährt hat.

Im Folgenden gehen die Schülerinnen und Schüler der Frage nach, inwieweit es für Christen geboten ist, Menschen auch gegen geltendes Recht zu schützen. Dazu nehmen sie Bibeltexte zur Hilfe (z.B. 3. Mose 33–34, 5. Mose 10, 17–20, Mt 25, 35–40). Das Schreiben eines Zeitungsartikels zum Thema „Gesetz oder Bibel? – Woran sollen Christen sich halten?" schließt die Arbeit mit dem Material ab.

## Fragen und Impulse

- Informiert euch in kleinen Gruppen über die Situation der Roma im Kosovo. Nutzt dazu das Internet (Artikel aus Zeitschriften, Amnesty International, YouTube).
- Tragt eure Ergebnisse zusammen und stellt sie einander in der Klasse vor.
- Stellt euch vor, ihr könntet die Mutter, die Tochter und den Sohn befragen. Welche Fragen würdet ihr ihnen gern stellen?
- Versetzt euch in die Situation der Befragten. Welche Antworten würdet ihr auf die Fragen geben?
- In der Bibel steht an verschiedenen Stellen etwas darüber, wie man sich Fremden gegenüber verhalten soll. Lest dazu im Alten Testament 3. Mose, 33–34 und 5. Mose 10, 17–20. Auch Jesus äußert sich dazu, wie man sich Fremden gegenüber verhalten soll. Seine Aussagen findet ihr im Matthäusevangelium (25, 35–40). Tauscht euch darüber aus, wie ihr diese beurteilt und ob sie in unserer heutigen Zeit noch angewandt werden sollten.
- Diskutiert darüber, ob sich ein Kirchenvorstand über geltendes Recht hinwegsetzen darf.
- Schreibt einen Zeitungsartikel zu der Frage „Gesetz oder Bibel? – Woran sollen Christen sich halten?" Verwendet dazu auch das im Unterricht behandelte Beispiel.

## Ideen zur Weiterarbeit

- Einladung einer Kirchenkreissozialarbeiterin/eines Kirchenkreissozialarbeiters oder einer Mitarbeiterin/eines Mitarbeiters von Amnesty International zum Thema „Flüchtlinge"
- Erstellen von Plakaten zum Thema „Fremde bei uns" und „Wir als Fremde bei anderen"
- Drehen eines Handyfilms zum Thema „Als ich mich einmal fremd gefühlt habe"
- Auseinandersetzung mit der „Genfer Flüchtlingskonvention" vom 28. Juli 1951

# Kirchenasyl für Roma in Rotenburg

Seit dem 21.04.2010 gewährt die Auferstehungsgemeinde in ihrem Kirchenraum zwei Frauen Kirchenasyl. Sie stammen aus dem Kosovo, gehören zur diskriminierten Volksgruppe der Roma und leben seit 19 Jahren in Deutschland. Mutter (70) und Tochter (48) haben bisher ein bewegendes und schweres Leben gehabt und sind beide sehr krank. Zu ihnen gehört ein 22-jähriger Sohn, der in Rotenburg eine Ausbildung macht und darum ein eigenes Bleiberecht erworben hat. Der Landkreis Rotenburg hat der Mutter und der Großmutter die Abschiebung nach Serbien angedroht. Die Rechtsmittel sind vorläufig ausgeschöpft.

*Dulja Saiti und Selvije Ernst haben in der Rotenburger Auferstehungsgemeinde Zuflucht gefunden. Hier mit Melanie Ludwig, Vorsitzende des Kirchenvorstandes, © Guido Menker*

Wir, die UnterstützerInnen dieses Kirchenasyls, halten die angedrohte Maßnahme für ungerecht und unter humanitären Gesichtspunkten für nicht vertretbar. Ausschlaggebend für diese Einschätzung sind der Gesundheitszustand und das Alter der Betroffenen, die Dauer ihres Aufenthaltes in Deutschland, ihre Verwurzelung hier mit der guten Integrationsperspektive für den Sohn und die schlimme Situation, die sie nach einer Abschiebung erwartet. In Serbien haben sie nie gelebt. Dort haben sie keine Kontakte, keine staatliche Unterstützung und keinerlei Hoffnung auf die notwendige Gesundheitsfürsorge. Auch im Kosovo gibt es nach übereinstimmender Meinung fast aller Sachkundigen keine zumutbare Lebensperspektive für abgeschobene Roma-Flüchtlinge.

Der Kirchenvorstand der Auferstehungsgemeinde hat sich eingehend mit der Situation beschäftigt und einstimmig die Durchführung eines Kirchenasyls beschlossen. Er wird dabei beraten und unterstützt vom Ökumenischen Arbeitskreis Asyl im Kirchenkreis Rotenburg, von den Mitarbeitenden der Flüchtlingsberatung im Kirchenkreis und von Superintendent Hans-Peter Daub.

Kirchenasyl ist kein rechtliches, sondern ein moralisches Instrument. Es ist ein ‚öffentliches Verstecken' bedrohter Flüchtlinge, um die Behörden und verantwortlichen politischen Gremien zum Innehalten und erneuten Überdenken ihrer Praxis und deren Konsequenzen zu bewegen. Die Flüchtlinge halten sich im Kirchengebäude der Auferstehungsgemeinde auf. Regelmäßige Andachten und Gebete schaffen einen unsichtbaren Schutzraum, den, so hoffen wir, auch die Vollzugsbehörden respektieren.

**Die Ziele und Forderungen des Kirchenasyls sind:**
Keine Abschiebung nach Serbien, da die Frauen aus dem Kosovo kommen. (Dass die Flüchtlingsfrauen überhaupt serbische Pässe haben, ist der komplizierten politischen Entwicklung auf dem Balkan zuzuschreiben, die es bis heute unmöglich macht, kosovarische Pässe in Deutschland zu bekommen.)

Keine Abschiebung von Kranken mit ärztlicher Begleitung, wie sie laut amtsärztlichem Gutachten in diesem Fall zwingend notwendig wäre.
Darum weitere Duldung für die Frauen.

In einem Gespräch mit Landrat Hermann Luttmann und weiteren Vertretern des Landkreises legten diese dar, dass der Aufenthalt der beiden Frauen in Deutschland illegal sei, dass sie zur Fahndung ausgeschrieben werden und keine Sozialleistungen mehr erhalten. Landrat und Ausländerbehörde sehen sich von der Landesregierung mit der Aufgabe konfrontiert, ca. 200 Flüchtlinge zur Ausreise zu veranlassen. Sie alle seien nur geduldet und somit zur Ausreise aufgefordert. Auch wenn der Zeitrahmen flexibel sei, sei die Liste abzuarbeiten, zur Not auch durch die zwangsweise Abschiebung. An den politischen Vorgaben könne man im Landkreis nichts ändern. Der Eilantrag der beiden Frauen auf Aussetzung der Abschiebung sei gerichtlich abgelehnt worden. Damit seien sie ausreisepflichtig und daran habe man sich zu halten. Mit einer Verlängerung der Duldung durch den Landkreis sei nicht zu rechnen.

Allerdings eröffnete inzwischen ein weiterer Kontakt mit dem Landkreis die Perspektive, für die beiden Frauen einen Antrag bei der Härtefallkommission des Landes zu stellen und möglicherweise auf diesem Weg eine weitere Duldung zu erlangen. Der Landrat hat mit Rücksicht auf das Kirchenasyl veranlasst, dass zunächst alle weiteren Vorbereitungen einer zwangsweisen Abschiebung ausgesetzt wurden. Damit ergibt sich eine konkrete Möglichkeit, auf dem Weg eines Härtefallantrages eine allseits akzeptable humanitäre Lösung zu finden. Bis dahin wird ein breiter Unterstützerkreis in und um die Auferstehungsgemeinde das Kirchenasyl aufrecht erhalten.

Hartmut Ladwig, Vorsitzender des Kirchenvorstandes
Werner Hagedorn, stellvertretender Vorsitzender des Kirchenvorstandes
Eckhard Lang, Flüchtlingsberater im Diakonischen Werk
Hans-Peter Daub, Superintendent



**Eine Freundin berichtet darüber, dass der Kirchenvorstand von Rotenburg sich über geltendes Recht hinwegsetzt und fragt dich nach deiner Meinung. Wie würdest du antworten?**

# Fiktive Interviews zum Thema „Beten“

## Jahrgang 5/6

Dass Beten ein wesentlicher Bestandteil des christlichen Lebens ist, ist den meisten Schülerinnen und Schülern der Klassenstufen 5/6 bekannt. Dennoch ist es nicht einfach, mit ihnen im Unterricht über das Thema „Beten“ ins Gespräch zu kommen: Für die einen ist das Gebet selbstverständlicher Bestandteil des eigenen Lebens. Andere wiederum beten nur in Ausnahmesituationen – weil sie z. B. bestimmte Wünsche oder Ängste haben. Einer weiteren Gruppe ist jegliche Gebetspraxis fremd oder sie lehnt das Gebet grundsätzlich und jede Auseinandersetzung damit ab. In der Regel beschreiben diese Schülerinnen und Schüler das Thema als bedeutungslos und lebensfern. Steht eine solche Blockade erst einmal im Raum, werden Unterrichtende nur unter großen Mühen eine thematische Auseinandersetzung initiieren können. Daher bietet sich methodisch ein Perspektivenwechsel an: Durch die Einführung fiktiver Personen, die stellvertretend verschiedene Positionen zum Unterrichtsgegenstand einnehmen, wird den Schülerinnen und Schülern eine Distanzierungsmöglichkeit eröffnet.

Ein mögliches Vorgehen in diesem Sinne ist, die Schülerinnen und Schüler aufzufordern, sich in die Rolle einer Journalistin bzw. eines Journalisten in einer Zeitungsredaktion zu versetzen. Ihre Aufgabe ist es, mehrere Interviews zu führen und sich auf die möglichen Interviewpartnerinnen und -partner vorzubereiten.

Damit die Interviews vielfältige Meinungen wiedergeben, sind unterschiedliche Personen für die Interviews auszuwählen. Bei deren Auswahl ist darauf zu achten, dass die abgebildeten Personen nicht berühmt sind, so dass freie Assoziationen ermöglicht werden. Alternativ können auch die auf dem Arbeitsblatt (**M20**) abgedruckten Personenfotos verwendet werden. Aus den Fotos wählen die Schülerinnen und Schüler in Kleingruppen zwei Personen aus, die sie gern befragen würden.

Die ausgewählten Fotos werden ausgeschnitten und auf eine große Pappe (DIN A2) geklebt. Auf kleinen vorgefertigten Kärtchen werden diesen nun fiktive Daten, wie z. B. Name, Alter, Beruf, Familienstand etc., zugeordnet (auf dem unteren Drittel der Pappe). Zusätzlich sollen die Schülerinnen und Schüler auch kleine Geschichten über die Personen erfinden. Ziel dieser Phase ist es, möglichst genaue Auskünfte über die Personen geben zu können.

In einem nächsten Schritt geht es darum, die Personen zu interviewen. Vor diesem Schritt werden den Schülerinnen und Schülern die bis dahin unbekannten Interviewfragen von der Redaktion (Lehrerin bzw. Lehrer) auf zwei Kärtchen mitgeteilt („Welche Rolle spielt das Gebet in deinem/Ihrem Alltag?“, „In welchen Situationen betest du/beten Sie?“) (**M21**). Die Kärtchen mit den Fragen werden zu den Personen geklebt (es bietet sich an, eine Frage links und eine Frage rechts aufzukleben). Die Schülerinnen und Schüler überlegen nun in ihren Gruppen, was die betreffenden Personen zu den Fragen vermutlich antworten würden. Dabei versetzen sie sich in die Lage der fiktiven Person und greifen auf Bekanntes, Vorurteile und Fantasien zurück. Diese werden zunächst in der Kleingruppe diskutiert. Grundsätzlich sollten die Schülerinnen und Schüler auf einen respektvollen Umgang mit den zu Interviewenden achten. Wesentlich ist, dass die erfundenen Aussagen möglichst realistisch sind, d. h. zu den vorher festgelegten Personenmerkmalen und Eigenschaften passen. Jede von den Schülerinnen und Schülern gefundene Antwort wird in ein Sprechblasenkärtchen eingetragen und unter die jeweilige Frage zu der Person geklebt. Wichtig ist, dass die Schülerinnen und Schüler die Antworten in der Präsentationsphase begründen können.

Vorurteile, Einstellungen und das Wissen der Schülerinnen und Schüler werden auf diese Weise erkundet und zur Sprache gebracht. Die Schülerinnen und Schüler müssen sich in ihre Interviewpartnerinnen und -partner hineinversetzen und deren Rolle übernehmen. Das fiktive Gegenüber wird zur Projektionsfläche und bietet den Schülerinnen und Schülern eine schützende Distanz zur Auseinandersetzung mit anderen Positionen.

Im Anschluss stellen die Gruppen ihre Protagonisten und deren fiktive Antworten auf die Fragen vor. Die Interviewäußerungen sind zu begründen, werden gesammelt und gemeinsam nach Gebetsanlässen und Gründen für die Ablehnung des Gebets systematisiert (z. B. Klage, Dank, Lob, Bitte, Ablehnung des Gebets aus folgendem Grund …). In einem abschließenden Unterrichtsgespräch werden die Schülerinnen und Schüler aufgefordert, eine eigene begründete Position zum Thema ‚Beten' zu formulieren.

## Fragen und Impulse

- Stellt euch vor, dass ihr als Journalisten in einer Zeitungsredaktion arbeitet. Sucht euch aus den Bildern (**M20**) zwei Personen aus, die ihr gern interviewen würdet.
- Befasst euch zur Vorbereitung auf die Interviews nacheinander mit den beiden Personen: Wie heißt die Person, wo lebt sie, wie lebt sie? Klebt das Foto der Person auf eine große Pappe und schreibt auf kleinen Kärtchen jeweils ein Merkmal der Person auf. Klebt die Kärtchen auf die Pappe. Erfindet eine kleine Geschichte zu der Person.
- Ihr bekommt den Auftrag von der Chefredakteurin, die Personen zu interviewen. Die Interviewfragen lauten „Welche Rolle spielt das Gebet in deinem/Ihrem Alltag?", „In welchen Situationen betest du/beten Sie?" (**M21**)
- Überlegt, was eure Personen antworten würden. Schreibt die möglichen Antworten in die Sprechblasen und klebt diese zu den Personen (**M20** und **M21**).
- Stellt einander die Personen und ihre Antworten in der Klasse vor. Begründet die Aussagen.
- Erstellt eine Mind-Map mit den verschiedenen Antworten.
- Stellt einander eure eigenen Positionen zum Thema ‚Beten' in der Klasse vor.

## Ideen zur Weiterarbeit

- Auseinandersetzung mit Psalmworten (z. B. Ps 31; siehe Kapitel ‚Deutungskompetenz')
- Auseinandersetzung mit dem Vaterunser

1

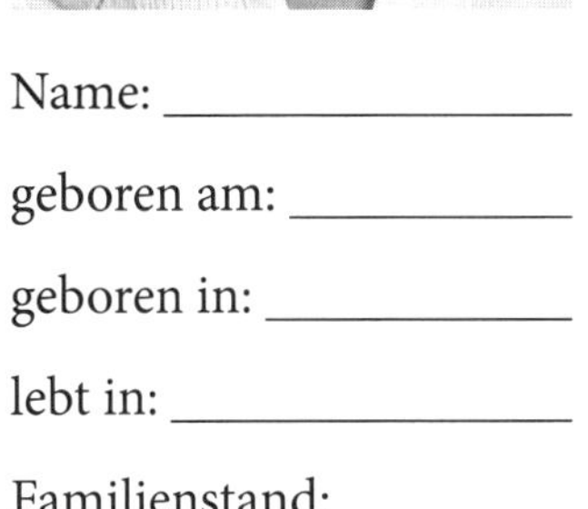

Name: ________________

geboren am: ___________

geboren in: ____________

lebt in: _______________

Familienstand: _________

Beruf: ________________

Hobbys: ______________

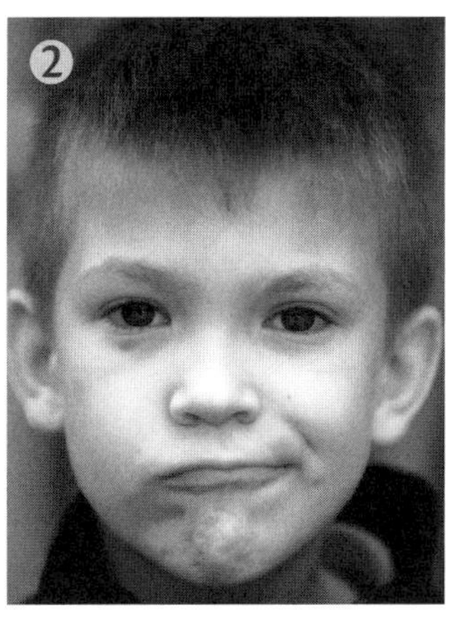

2

Name: ________________

geboren am: ___________

geboren in: ____________

lebt in: _______________

Familienstand: _________

Beruf: ________________

Hobbys: ______________

3

Name: ________________

geboren am: ___________

geboren in: ____________

lebt in: _______________

Familienstand: _________

Beruf: ________________

Hobbys: ______________

4

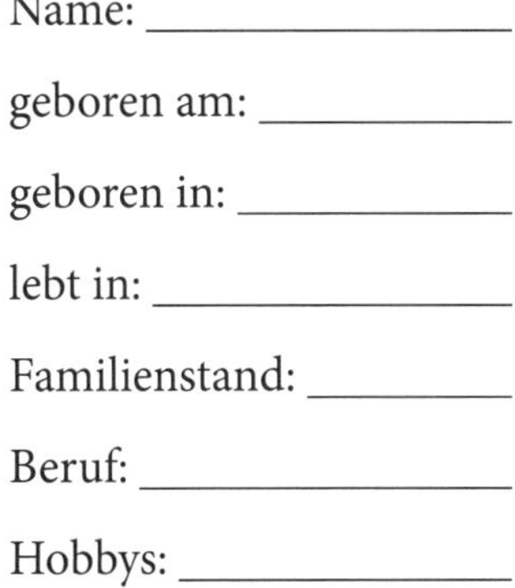

Name: ________________

geboren am: ___________

geboren in: ____________

lebt in: _______________

Familienstand: _________

Beruf: ________________

Hobbys: ______________

5

Name: ________________

geboren am: ___________

geboren in: ____________

lebt in: _______________

Familienstand: _________

Beruf: ________________

Hobbys: ______________

6

Name: ________________

geboren am: ___________

geboren in: ____________

lebt in: _______________

Familienstand: _________

Beruf: ________________

Hobbys: ______________

*1) © Stefan Redel, 2) alephnull, 4) Luana Rigolli, 5) Avesun, 6) tapati, alle: fotolia.com*
*3) Pedro Simões, „A very beautiful old lady II, cc-Lizenz (BY 2.0), http://creativecommons.org/licenses/by/2.0/de/deed.de, www.piqs.de*

Welche Rolle spielt das Gebet in deinem/Ihrem Alltag?

In welchen Situationen betest du/beten Sie?

# Weltreligionen multimedial

## Jahrgang 7/8

Das vorliegende Material fokussiert die Auseinandersetzung mit dem Islam sowie den Vergleich mit dem Christentum.

Derzeit leben etwa 3,8 bis 4,3 Millionen Muslime in Deutschland. Damit stellen sie mit 4,6 % bis 5,2 % der Gesamtbevölkerung neben den zwei großen christlichen Konfessionen die zahlenmäßig größte Glaubensgemeinschaft. Viele Schülerinnen und Schüler begegnen täglich Mitschülerinnen und Mitschülern islamischen Glaubens. Sie nehmen sie mit ihren Bräuchen und Sitten, mit ihrem Anderssein wahr. Dennoch wissen sie wenig über die Lehre und das religiöse Leben des Islam. Die daraus resultierenden Probleme spiegeln sich im Schulalltag (Schülerinnen, die nicht am Schwimmunterricht oder an Klassenfahrten teilnehmen; Schüler, die in der Fastenzeit nicht zur Schule kommen …). Hinzu kommt, dass die Medien ein verzerrtes Bild des Islam zeichnen. So wird der Islam häufig auf Aktionen fundamentalistischer Gruppen, vor allem nach dem Terroranschlag am 11. September 2001 und in Folge von Selbstmordattentaten im Irak, in Pakistan und in Afghanistan, reduziert. Daraus resultieren irrationale Ängste, die ein konfliktfreies Miteinander und den Dialog erschweren. Greift der Religionsunterricht das Thema auf, ist davon auszugehen, dass die Schülerinnen und Schüler über ein fragmentarisches und zum Teil falsches Wissen verfügen. Zudem kann das Thema in manchen Lerngruppen stark affektiv besetzt sein.

Dieser unklaren Lernausgangslage liegt die Entscheidung für das vorliegende Material (**M22**) zugrunde. Zum einen hat die unterrichtliche Arbeit mit einer Internetseite immer noch ein hohes motivationales Potenzial. Zum anderen können die Schülerinnen und Schüler aufgrund der Interaktivität an vorhandene Kenntnisse anknüpfen und selbst entscheiden, an welcher Stelle ihr Lerninteresse im Blick auf den Islam besteht. Sollte eine stärkere Steuerung notwendig sein, so liefern die unten stehenden Fragen Anhaltspunkte für ein mögliches Vorgehen in verschiedenen Gruppen. Die Antworten zu den einzelnen Fragen werden auf Karteikarten notiert und in einer Mind-Map zusammengestellt. Dabei ist davon auszugehen, dass die in den Mind-Maps zusammengetragenen Ergebnisse die Ausgangsfrage möglichst vielfältig beantworten und Schwerpunkte einer möglichen weiteren unterrichtlichen Vertiefung aufzeigen.

Dennoch wird die Auseinandersetzung mit der inhaltlichen Seite des Themas nicht allein ausreichen, um Ängste und Vorurteile abzubauen. Daher ist eine originale Begegnung, sei es im Rahmen eines Moscheebesuches oder durch die Einladung eines Imams, unerlässlich. Hierfür sind Fragen gezielt vorzubereiten. Um eine größtmögliche Offenheit bei den Schülerinnen und Schülern zu erzielen, bietet es sich an, die Fragen anonym auf kleinen Zetteln zu notieren und dann von der oder dem Unterrichtenden vorlesen zu lassen. Hierbei wird deutlich, wo Klärungsbedarf besteht. Dieser könnte in einem vorbereitenden Gespräch mit den Verantwortlichen für die Moscheeführung oder mit dem Imam aufgezeigt werden.

Ziel des Unterrichts ist auf der einen Seite, Vorurteile gegenüber dem Islam durch Wissenserwerb abzubauen. Auf der anderen Seite steht die Förderung der Dialogfähigkeit in der originalen Begegnung im Zentrum des Unterrichts.

Im Sinne eines vernetzenden Denkens ist es ebenfalls möglich, mit dem Material in eine vertiefende Auseinandersetzung mit dem Judentum einzutreten.

## Fragen und Impulse

- Gruppe 1: Sucht die Seite auf, die über die Moschee als Gebäude informiert und tragt die Informationen auf Karteikarten zusammen.
- Gruppe 2: Sucht die Seite auf, die über die Kirche als Gebäude informiert und tragt die Informationen auf Karteikarten zusammen.
- Gruppe 1 und 2: Fasst eure Ergebnisse in einer Mind-Map zusammen. Stellt dabei zunächst die Gemeinsamkeiten in Stichworten und dann die Besonderheiten einer Kirche und einer Moschee dar. Findet eine Überschrift für eure Ergebnisse. Überlegt, wer aus euren Gruppen eure Ergebnisse vorstellt.
- Gruppe 3: Sucht die Seite auf, die über muslimische Feste informiert und tragt die Informationen auf Karteikarten zusammen.
- Gruppe 4: Sucht die Seite auf, die über christliche Feste informiert und tragt die Informationen auf Karteikarten zusammen.
- Gruppe 3 und 4: Fasst eure Ergebnisse in einer Mind-Map zusammen. Gibt es im Christentum und im Islam ähnliche Feste? Gibt es Feste, die sich voneinander unterscheiden? Findet eine Überschrift für eure Ergebnisse. Überlegt, wer aus euren Gruppen eure Ergebnisse vorstellt.
- Gruppe 5: Sucht die Seite auf, die über den muslimischen Glauben im Alltag informiert und tragt die Informationen auf Karteikarten zusammen.
- Gruppe 6: Sucht die Seite auf, die über den christlichen Glauben im Alltag informiert und tragt die Informationen auf Karteikarten zusammen.
- Gruppe 5 und 6: Fasst eure Ergebnisse in einer Mind-Map zusammen. Gibt es im Alltag von Muslimen und Christen Gemeinsamkeiten? Wo liegen die Unterschiede? Findet eine Überschrift für eure Ergebnisse. Überlegt, wer aus euren Gruppen eure Ergebnisse vorstellt.
- Stellt einander eure Ergebnisse in der Klasse vor.
- Überprüft, was ihr nun vom Islam und vom Christentum wisst und beantwortet die Fragen des Quiz auf der Internetseite.
- Notiert die Fragen, auf die ihr keine Antworten gefunden habt.
- Besucht eine Kirche. Versucht sie mit den Augen einer Muslimin/eines Muslimen zu sehen. Was erscheint bekannt und was fremd?
- Ladet einen Pastor und einen Imam in den Unterricht ein. Stellt ihm eure Fragen.

## Ideen zur Weiterarbeit

- Besuch einer Moschee
- Zusammenstellung einer Liste mit typischen Vorurteilen gegenüber dem Islam und Richtigstellung in Form eines Artikels für eine Zeitung
- Fotoausstellung zum Thema „Gemeinsamkeiten und Unterschiede von Christentum und Islam“
- Diskussion zum Thema eines respektvollen Umgangs mit anderen Religionen
- Erstellen eines Kataloges „Regeln zum Verhalten gegenüber Angehörigen anderer Religionen“

# Weltreligionen multimedial

© Scanrail – Fotolia.com © Valeriya Shmidt – Fotolia.com

Auf der Internetseite des Westdeutschen Rundfunks (WDR) zum Thema „Weltreligionen“ (www.planet-schule.de/sf/04_mul_detail_04.php?projekt=weltreligionen ) findet ihr Informationen über das Judentum, das Christentum und den Islam. Dort könnt ihr Antworten auf Fragen wie zum Beispiel „Wer arbeitet in einer Kirche und wer in einer Moschee?“, „Welche Feste feiern die Muslime und welche Feste gibt es im Christentum?“, „Wieso hat eine Kirche meistens einen Turm?“ oder „Wie sieht der Turm einer Moschee aus?“ finden. Bei eurer Entdeckungsreise werdet ihr von Jasmin, einer angehenden Archäologin, begleitet.
Findet auf euren Wegen durch die Internetseite die Gemeinsamkeiten und Unterschiede zwischen Islam, Judentum und Christentum heraus. Erstellt gemeinsam eine Mind-Map!
Ladet einen Imam in eure Klasse ein. Stellt ihm eure Ergebnisse sowie eure offenen Fragen vor. Befragt ihn nach dem Leben in der muslimischen Gemeinde vor Ort.

# Ausgepresst wie eine Zitrone – Nachhilfe durch Scientology

## Jahrgang 9/10

Scientology wurde in den 50er Jahren von L. Ron Hubbard gegründet. Der Begriff „Scientology" leitet sich vom lateinischen „scire", was soviel heißt wie „wissen, verstehen", und vom griechischen „logos", das man mit „Vernunft an sich" oder „einsichtige Gedanken" übersetzen könnte, ab. Zusammengefasst heißt „Scientology" etwa „Studium der Weisheit". Ziel der Organisation ist es, mit einer speziellen Technologie eine neue Welt zu schaffen. Dabei bezeichnet sich die Organisation als einzigen Weg, mit dem der Mensch seine Probleme auf Dauer lösen kann. L. Ron Hubbard sagte über Scientology: „Unsere Organisationen sind freundlich. Sie sind ausschließlich dazu da, um Ihnen zu helfen."

Scientology hat in Deutschland immer wieder versucht, als Kirche anerkannt zu werden. Dieses ist nicht gelungen. 1993 stufte das Oberlandesgericht Hamburg Scientology als gewinnorientiertes Unternehmen ein. Das Privileg der Steuerfreiheit wurde entsprechend nicht zuerkannt. 1997 gingen die Innenminister der Länder noch weiter. Sie bezeichneten die Scientology-Organisation als „Form des politischen Extremismus". In Bayern, Baden-Württemberg und Niedersachsen wird Scientology vom Verfassungsschutz beobachtet. Im Vorwort zum „Schwarzbuch Scientology" von Ursula Caberta, der früheren Leiterin der „Arbeitsgruppe Scientology" des Hamburger Senats, schreibt der ehemalige bayerische Innenminister Günter Beckstein: „Hinter Scientology steht eine menschenverachtende Psycho-Ideologie, die eine totalitäre Gesellschaft aus gefügigen Anhängern fordert."

Der heutige „Supermarkt der Religionen" hat für viele Menschen eine besondere Attraktivität. Die Jugendphase ist die Zeit, in der sich Jugendliche die Frage stellen „Wer bin ich?". Neben einer stärkeren Orientierung an den Werten, Sitten und Moden der Gleichaltrigenkultur ist das Experimentieren mit Andersartigem einer der ersten Schritte der Identitätssuche. Parallel grenzen sich Jugendliche zunehmend von ihren Eltern ab und sind dankbar für Identifikationsangebote, die diese Abgrenzung unterstützen. In dieser Phase können Angebote wie das von Scientology überaus attraktiv sein. Daher ist es unterrichtlich geboten, anhand des Themas „Scientology" zu verdeutlichen, in welche Abhängigkeiten Menschen durch unkritisches Prüfen der Angebote auf dem Markt der Weltanschauungen geraten können.

Der vorliegende Artikel (**M23**) dient dazu, die Auseinandersetzung mit Scientology anzuregen. Er wurde aufgrund seiner Nähe zur Lebenswelt der Schülerinnen und Schüler gewählt. Vielen von ihnen ist die Situation, Nachhilfe in Anspruch zu nehmen, vertraut. Der Artikel (**M23**) hat das Ziel, dass die Schülerinnen und Schüler sich in die Situation von Anna versetzen, um dadurch eine intensive Auseinandersetzung mit der geschilderten Situation zu initiieren. Gleichzeitig gilt es, die Gefahren herauszuarbeiten, denen Anna ausgesetzt ist. Hiervon ausgehend ist das Thema „Scientology" im Unterricht grundlegend zu erörtern. Dabei sollen sich die Schülerinnen und Schüler ein eigenes Urteil erarbeiten. Sie sollen Abhängigkeiten, in die man durch Scientology geraten kann, benennen und im Vergleich mit anderen Religionsgemeinschaften darüber Auskunft geben können, inwieweit Scientology als religiöse Organisation einzustufen ist. Unterschiede lassen sich wie folgt herausarbeiten: Während sich eine religiöse Lehre auf Offenbarung oder Überlieferung stützt, gründet sich die Lehre Scientologys auf pseudowissenschaftlicher Theorie und Forschung. Das wird u. a. auch dadurch deutlich, dass Scientologen den Rang L. Ron Hubbards als Forscher und Wissenschaftler immer wieder intensiv hervorheben. Im Gegensatz zu anderen Religionen spielt der Glaube bei Scientology eine untergeordnete Rolle. Scientology behauptet, dass ihre Aussagen zumindest theoretisch von jedem Menschen durch Forschung nachgeprüft werden können. Eine Offenbarung, die Kennzeichen von Religion ist, spielt bei Scientology ebenfalls keine Rolle. Weiterhin hat das Bundesarbeitsgericht in einer Entscheidung aus dem Jahr 1995 (BAG, Beschluss vom 22.03.1995 – 5 AZB 21/94, NZA 1995, S. 823 (827 ff.) „die Auffassung vertreten, dass die Scientology-Organisation keine Religions- oder Weltanschauungsgemeinschaft, sondern eine „Institution zur Vermarktung bestimmter Erzeugnisse" sei. Dabei diene die religiöse oder weltanschauliche Lehre lediglich als Vorwand für die Verfolgung von wirtschaftlichen Zielen. Das Gericht sah in der Erzielung von Gewinn einen Hauptzweck von Scientology …" (www.sekten-info-nrw.de/index.php?option=com_content&task=view&id=144&Itemid=1, Zugriff: 10.01.2012). Auch hier liegt ein Unterschied zu den bekannten Religions- und Glaubensgemeinschaften. Eine Einschätzung aus kirchlicher Sicht wurde von der Evangelischen Zentralstelle für Weltanschauungsfragen erarbeitet und ist im Materialteil beigefügt (**M24**).

Ein mögliches Vorgehen im Unterricht stellen die nachstehend aufgeführten „Fragen und Impulse" und „Ideen für die Weiterarbeit" dar. Aufgrund der Länge des Textes (**M23**) bietet es sich nach einer ersten gemeinsamen Lektüre an, diesen in fünf Abschnitte zu teilen (Abschnitt 1: Zeile 9–32; Abschnitt 2: Zeile 34–57; Abschnitt 3: Zeile 59–84; Abschnitt 4: Zeile 86–102; Abschnitt 5: Zeile 104–128) und arbeitsteilig bearbeiten zu lassen. Die Passagen, in denen Anna berichtet, werden in einem Standbild dargestellt, während die Hintergrundinformationen aus dem Off gesprochen werden können. Damit soll den Schülerinnen und Schülern ein Einfühlen in die Situation Annas ermöglicht werden, welches die Basis für weiteres Nachdenken ist. Ziel ist, dass die Schülerinnen und Schüler grundlegende Kenntnisse zu Scientology erwerben und mit Hilfe des Materials der Frage nachgehen, ob Scientology eine „Kirche" ist. Abschließend formulieren sie aus der Perspektive des christlichen Glaubens einen Brief an eine Freundin.

Um die Schülerinnen und Schüler Verantwortung für ihren Lernprozess übernehmen zu lassen, ist es notwendig, mit ihnen vor Beginn der Unterrichtssequenz Möglichkeiten der Materialbeschaffung zum Thema „Scientology" abzusprechen.

## Fragen und Impulse

- Lest zunächst gemeinsam den Text (**M23**).
- Bildet fünf Gruppen und bearbeitet den Text (**M23**) arbeitsteilig: Lest euren Abschnitt und verdeutlicht euch die Situation, in der Anna sich befindet. Teilt eure Gruppe in Darstellende und Sprecherinnen und Sprecher auf. Die Gruppe der Darstellenden stellt Annas Gefühle in einem oder mehreren Standbild(ern) dar. Nach einer Be-

trachtungszeit gehen die Sprecherinnen und Sprecher zu den darstellenden Personen, berühren sie und äußern deren mögliche Gedanken, Gefühle und Fragen. Überlegt euch eine Form der Präsentation für die Hintergrundinformationen.

- Der Artikel (**M23**) berichtet über eine Unterorganisation von Scientology. Versucht herauszubekommen, was hinter Scientology steckt. Nehmt dazu auch Kontakt mit einem Weltanschauungsbeauftragten der Kirchen auf und lasst euch Informationsmaterial zusenden.
- Zieht Verbindungen zwischen euren Arbeitsergebnissen und dem Bericht von Anna (**M23**).
- Fasse die Einschätzung von Scientology aus kirchlicher Sicht (**M24**) mit eigenen Worten zusammen.
- Formuliere einen Brief an deine Freundin. Berücksichtige dabei auch Argumente der Kompakt-Infos.

## Ideen zur Weiterarbeit

- Einladung und Befragung des Weltanschauungsbeauftragten des Kirchenkreises

# „Ausgepresst wie eine Zitrone“

*Scientology – Die Sekte betreibt in Deutschland mehr als 30 Nachhilfe-Institute. Immer wieder fallen Eltern und Jugendliche auf deren getarnte Angebote herein. Eine Schülerin und eine Scientology-Aussteigerin berichten über ihre Erlebnisse.*

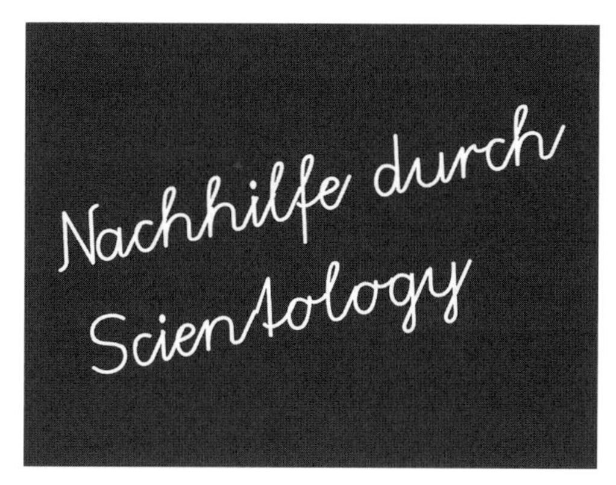


„Mein Vater entdeckte den Zettel in einem Supermarkt. Für eine alternative Schule wurde da geworben, in der Lernen auch noch Spaß macht. Wie praktisch, dachte er sich und riss die Telefonnummer für mich ab. Ich hatte damals gerade meine Ausbildung zur Krankenschwester abgebrochen. Konnte das Leid, das Sterben einfach nicht ertragen. Ich verbrachte viel Zeit in meinem Zimmer. War oft krank und niedergeschlagen. Lern doch mal wieder ein bisschen, hat meine Mutter gesagt. Wahrscheinlich hatte sie Angst, dass ich keine neue Ausbildungsstelle mehr finde, wenn ich zu viel vergesse. 20 Euro sollte eine Unterrichtsstunde kosten, sagte die Lehrerin am Telefon. Ich fand es nett bei Frau R.*, einer kleinen, rundlichen Person, die immer ein Strahlen auf dem Gesicht hatte. Sie war so unglaublich freundlich zu mir, wie eine Mutter, hat immer gefragt, ob ich etwas trinken, etwas essen möchte. Ich habe es nach den Enttäuschungen meiner abgebrochenen Ausbildung so genossen, dass mir jemand zuhört und sich für mich interessiert.“

So erlebte Anna* vor drei Jahren die Nachhilfestunden. „In der Scientologen-Sprache nennt man das Love Bombing“, erklärt die ehemalige Scientologin und jetzige Ausstiegsberaterin Jeanette Schweitzer. „Wir wurden in speziellen Kursen darauf gedrillt, offen auf Menschen zuzugehen. Erst später wird dann der Druck erhöht, um neue Mitglieder einzufangen.“ 31 Adressen von Nachhilfeschulen und privaten Anbietern listet allein die Internet-Seite der Scientology-nahen Organisation „Applied Scholastics“ auf – noch vor einem Jahr waren es lediglich zehn. Besonders aktiv ist die Psychosekte in Großstädten wie Hamburg, München oder Berlin, aber auch kleinere Orte sind nicht mehr sicher.

„Abitur habe sie gemacht und in den USA spezielle Lehrgänge besucht, erzählte mir Frau R., als ich sie nach ihrer Ausbildung fragte. An ihrer Wand hing sogar ein Diplom. Gleich in einer der ersten Stunden musste ich ziemlich teure Bücher bestellen. Es waren die gleichen, die zu Dutzenden in Frau R.s Regalen standen. Die Lernfibel. Lernen macht Freude stand zum Beispiel auf dem Einband, und sie waren immer von dem gleichen Autor geschrieben: L. Ron Hubbard. Das muss ja ein wirklich bedeutender Pädagogikprofessor sein, dachte ich damals. Obwohl wir eigentlich

Deutsch- und Lateinnachhilfe vereinbart hatten, haben wir fast nie richtigen Stoff durchgenommen. Ich musste immer so furchtbar unsinnige Dinge tun – Wörter aus Knetmasse formen oder Wörter im Duden nachschlagen. Und das mit 17!“

Wörter kneten und mittels eines scientologischen Wörterbuchs definieren sind typische Methoden der „Study Technology“ – einer angeblich besonders effektiven Studiertechnologie, um „Lernen zu lernen“. Sie wurde von Scientology-Gründer L. Ron Hubbard entwickelt, einem amerikanischen ehemaligen Science-Fiction-Autor. „Dabei wird die Sprache von Kindern – und somit auch ihre Wahrnehmung der Realität – ganz gezielt scientologisch verformt“, warnt Ex-Scientologin Jeanette Schweitzer.

„Eltern sollten konkret nachfragen, ob die Studiertechnologie von L. Ron Hubbard verwendet wird, bevor sie ihr Kind bei einem Nachhilfeinstitut anmelden, weil der Begriff „Scientology“ nie fällt“, rät der Vorsitzende des Deutschen Philologenverbands, Heinz-Peter Meidinger. Die Alarmglocken sollten schrillen, wenn nicht nur versprochen wird, eine Matheschwäche zu beseitigen, sondern auch aus einem schlechten Schüler ein glückliches, erfolgreiches Kind zu machen. Meidinger warnt jedoch vor Hysterie: „In Deutschland gibt es 4000 seriöse Nachhilfeanbieter, die sich verpflichten, nichts mit Scientology zu tun zu haben.“

„Es dauerte nicht lange, da begann Frau R. mich über meine Eltern und meinen Freund auszufragen. Ob ich zu Hause Streit habe, ob meine Eltern nett zu mir sind und ob ich mit meinem Freund glücklich bin … Als ich eines Tages Kopfschmerzen hatte, bot Frau R. mir an, einen Beistand zu machen. Was ist das denn?, dachte ich. Ich musste mich auf den Rücken legen. Dann strich Frau R. mit ihren Händen an meinem Körper entlang – von unten nach oben, an den Seiten entlang. Sie erklärte mir, dass das gut sei, damit ich meinen Schmerz und meinen Körper bewusster wahrnehme. Anfangs fand ich es seltsam, mich so von einer fremden Frau anfassen zu lassen. Doch mit der Zeit gehörte der Beistand zu den Nachhilfestunden dazu.“

70 Prozent aller Krankheiten (z. B. Kopfschmerzen) sind psychosomatisch bedingt, glauben Scientologen. Durch den so genannten Beistand bringen die Sektenmitglieder angeblich Körper und Seele wieder in Einklang – erst dann werde der Betroffene wieder lernbereit.

„Irgendwann bekam ich raus, dass Frau R. hinter meinem Rücken die Telefonnummer von meinem Freund ausspioniert hatte. Mann, war ich sauer! Auch bei meinem Eltern klingelte immer öfter das Telefon. Ob sie nicht auch mal zu Nachhilfestunden oder Gesprächssitzungen vorbeikommen wollten. Ist nicht teuer, hilft Ihnen bei vielen Problemen … Zum Glück lehnten sie immer ab. Und dann fing sie bei mir an: Ob ich nicht Lust hätte, bei ihr zu arbeiten und selbst zu unterrichten. Ich hab nein! gesagt, weil ich statt Geld nur weitere kostenlose Nachhilfestunden bekommen sollte.“

„Kinder sind meist nur der Köder für die Scientologen. Die eigentliche Beute sind ihre Eltern oder Freunde“, erklärt Insiderin Schweitzer. Der Familie werde suggeriert, dass die schulischen Probleme des Kindes familiäre Ursachen hätten und dass den Eltern hierbei ein Kommunikationsseminar helfen könne. „Haben sie erst einmal angebissen, werden sie ausgepresst wie eine Zitrone“, weiß Jeanette Schweitzer aus eigener Erfahrung als Sektenmitglied.

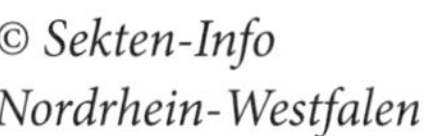

© Sekten-Info Nordrhein-Westfalen

„Richtig schrecklich wurde es nach einem halben Jahr Nachhilfe: Mein Freund, mit dem ich zusammenwohnte, hatte gerade Schluss gemacht. Ich war am Boden zerstört und natürlich bemerkte das auch Frau R. Da erzählte sie, dass sie eine Methode kennt, die meine Traurigkeit lindern und mir sogar bei der Entscheidung helfen würde, eine passende Ausbildung zu finden. Sie überredete mich zu etwas, das Auditing hieß. Ihr Freund sollte das bei mir machen. Heute weiß ich: Das ist eine Art Gehirnwäsche, auf die Scientology schwört. Ich dachte, ihr Freund sei Psychologe. Aber er ist ein einfacher Handwerker – und Scientologe. Zuerst wollte ich nicht, aber Frau R. redete so lange auf mich ein, bis ich doch ja sagte. Ich saß dem Mann gegenüber. Vor ihm lagen ein aufgeschlagenes Buch und ein Zettel, auf dem er alles notierte. Erzähl mir vom schlimmsten Erlebnis deiner Kindheit!, sagte er. Immer und immer wieder musste ich die Geschichte wiederholen. Dutzende Male. Bis ich nicht mehr konnte. Das war unglaublich schlimm für mich, so schlimm, dass ich in Tränen ausbrach. Danach habe ich mich geweigert, jemals wieder zum Auditing zu gehen – die Nachhilfe habe ich aber weiterhin gemacht."

Scientologen behaupten, dass das Auditing den Menschen von schlimmen Erlebnissen befreien und ihn zu seinem eigenen Gott machen könne. Durch ständiges Wiederholen der Fragen und Erzählen des Erlebnisses sollen negative Emotionen gelöscht werden. Die Scientologen benutzen hierzu ein so genanntes „E-Meter" – einen primitiven Lügendetektor. Sabine Riede von der Sekten-Info NRW, zuständig für ganz Nordrhein-Westfalen, erklärt: „Dieser Vorgang kann aus Sicht der Psychologie natürlich nicht funktionieren. Dass sich die Nadel eines Lügendetektors irgendwann ruhig verhält, hat mit Abstumpfung, nichts mit Heilung zu tun."

„Die Augen wurden mir schließlich von einem Freund geöffnet. Eines Abends erzählte ich ihm auf der Bowlingbahn, dass ich nach den Büchern von L. Ron Hubbard lerne. Er starrte mich an, der Mund blieb ihm offen stehen. Ob ich denn nicht wisse, wer das sei und noch nie etwas von der Sekte Scientology gehört hätte, fragte er mich. Ich konnte es nicht fassen: Die freundliche Frau R. eine Scientologin? Ich hatte monatelang nach den Methoden einer Sekte gelernt? War sogar schon bis zum Auditing, einer Art Gehirnwäsche, getrieben worden?

Mein Vater rief sofort bei der Landesberatungsstelle Sekten-Info NRW an – und tatsächlich: Frau R. und ihr Freund waren langjährige Mitglieder bei Scientology, die Bücher berüchtigte Sekten-Lehrwerke. Ich habe sofort alle Stunden abgesagt, bin nie wieder hingegangen. Danach hat uns Frau R. am Telefon terrorisiert. Mindestens dreimal am Tag rief sie an. Doch irgendwann wurden die Anrufe weniger, hörten schließlich auf. Heute arbeitet Frau R. immer noch als Nachhilfelehrerin**. Ihre armen Schüler tun mir echt leid! Aber ich bin wenigstens dort raus. Unglaublich geholfen haben mir die Gespräche in der Sekten-Info NRW. Wenn mir Frau R. heute begegnet, wechselt sie die Straßenseite und tut so, als würde sie mich nicht kennen."

* Name geändert

** Inzwischen arbeitet Frau R. nicht mehr als Nachhilfelehrerin (Anm. d. Redaktion, 30.3.2015).

*Aufgezeichnet von Anne Kathrin Reiter, aus: FOCUS SCHULE, Heft 5/2006 © FOCUS SCHULE*

# Scientology aus kirchlicher Sicht

Das scientologische Menschenbild widerspricht nicht nur dem Demokratieverständnis des Grundgesetzes, es ist auch mit dem Menschenbild des Christentums unvereinbar. Während der christliche Glaube von der Liebe und Zuwendung Gottes zu dem auf diese Liebe angewiesenen Menschen spricht, hat Scientology einen Menschen vor Augen, der sich selbst zum Gott machen will. Ihre Ideologie ist brutal, rücksichtslos, ausbeuterisch und gefährlich. Sie hat nicht das Geringste mit einer Religion oder Kirche gemeinsam, auch wenn Scientology das immer wieder behauptet und vereinzelt mittels seltsamer Gutachten zu belegen versucht.

Das scientologische Kurssystem kann unter bestimmten Umständen gefährlich werden. Denn ihre Mitarbeiter sind bestens geschult, gerade Menschen in einer Umbruch- oder Krisensituation mit vollmundigen Erfolgsversprechen zu locken und in das kostspielige Kurssystem einzuschleusen. Durch spezielle Techniken sollen die angeblich grenzenlosen Potenziale des menschlichen Geistes verfügbar gemacht werden. Wer möchte nicht gern Ruhm und Erfolg ernten, Einfluss und sogar Macht über andere erhalten?

Dass Krisen, Grenzen, Verlusterfahrungen und Scheitern zum Menschsein dazugehören und zu würdigen sind, wird im scientologischen Machbarkeitsdenken ignoriert. Gefährlich sind die Scientologen insbesondere wegen ihres Menschenbildes, das in jeder Seele nur eine zu optimierende Maschine sieht. Maschinen haben weder Rechte noch eine eigene Würde.

*© Michael Utsch, Evangelische Zentralstelle für Weltanschauungsfragen*

**Eine gute Freundin schickt dir per E-Mail Werbematerial von Scientology zu. Sie schreibt dir begeistert, dass sie Mitglied bei Scientology werden will. Formuliere eine Antwort aus christlicher Perspektive.**

______________________________________________

______________________________________________

______________________________________________

______________________________________________

______________________________________________

# „Mein Vater leidet an Demenz“

## Jahrgang 9/10

Die Welt von Jugendlichen ist häufig geprägt von Computerspielen, Chats, Fernsehhelden und einer eigenen Sprache. Ältere Menschen spielen in einer Zeit der viel diskutierten Auflösung familiärer Strukturen im Leben von Jugendlichen eher am Rande eine Rolle. Die Welt der Alten und Kranken ist für die allermeisten eine gänzlich fremde Welt, die bisher außerhalb ihres Wahrnehmungs- und Erfahrungshorizontes lag. Die Konfrontation mit entsprechenden unbekannten Situationen führt zunächst zu Überforderung und ruft Abwehr hervor.

Hier setzt das gewählte Beispiel (**M25**) an. Das hier geschilderte Leid findet in einer Familie statt und der Erzähler ist nicht sehr viel älter als Schülerinnen und Schüler der Sekundarstufe I. Das verdeutlicht, dass eine ähnliche Situation jede und jeden treffen kann und eine Auseinandersetzung im Vorhinein wichtig ist. Diese könnte durch die Identifikation mit dem Erzähler gelingen. An ihm wird deutlich, dass Handeln gefordert und dieses auf Empathie und einen Blickwechsel angewiesen ist. „Die ‚hautnahe Berührung‘, der unmittelbare zwischenmenschliche Kontakt mit Behinderungen, körperlicher Gebrechlichkeit und sozialer Ausgrenzung streut Sand ins Getriebe einer utilitaristischen Alltagsrationalität („Was habe ich davon?“). Begegnungen dieser Art konfrontieren mit einem Blickwechsel – Menschen Anerkennung entgegenzubringen nicht nach dem, was sie leisten, sondern in Achtung vor dem, was sie erleiden.“ (Noorman, Harry: Diakonische Bildung – Lernen am Ernstfall in Schule und Konfirmandenunterricht, in: Loccumer Pelikan 2/2009, 55 oder www.rpi-loccum.de/theo_noormann.html, Zugriff am 10.01.2012)

In diesem Sinne sollen Schülerinnen und Schüler exemplarisch zu einem von Achtung geprägten Dialog mit den anderen befähigt werden und Möglichkeiten der Unterstützung in entsprechenden Situationen kennen lernen. Die im Text dargelegten abschließenden Fragen sollen erste Annäherungen ermöglichen. Dabei wird deutlich, dass pauschale Antworten nicht tragfähig sind und eine intensive Auseinandersetzung mit der Situation innerhalb der Familie und dem Krankheitsbild des Vaters notwendig sind. Die sich anschließenden Fragen und Impulse sind für ein mögliches Vorgehen im Unterricht handlungsleitend.

In der Literatur wird in diesem Zusammenhang von diakonischem Lernen gesprochen. Der vorgeschlagene Besuch oder das Projekt in einem Altenheim könnten trotz guter Vorbereitung für die Schülerinnen und Schüler zu einer Fremderfahrung werden, die sie herausfordert, vertrautes Denken aufzugeben und sich auf Unbekanntes einzulassen. Dieser Prozess ist kein reibungsloser. Reaktionen wie Abscheu, Ekel, Unsicherheit, Sprachlosigkeit etc. haben ihre Berechtigung und sollten nicht gewertet werden. Dennoch muss im Unterricht herausgearbeitet werden, dass jeder Mensch in vergleichbare Situationen geraten kann, in denen er auf Menschen angewiesen ist, die sich seiner vorbehaltlos annehmen. Größtmögliche

Ziele im Umgang mit dem Thema sind „aktive Toleranz“ (K. E. Nipkow) und Solidarität. Hilfreich ist es, wenn mit den Verantwortlichen des Altenheimes vorher besprochen wird, dass es um Begegnungen und den Abbau von Berührungsängsten und nicht um eine Führung durch die Einrichtung geht.

## Fragen und Impulse

- Beschreibt mit euren Worten die dargestellte Situation aus der Sicht des Vaters, der Mutter und aus der Sicht von Markus (**M25**).
- Versetzt euch in die Lage der Mutter und in die Lage von Markus. Schreibt einen inneren Monolog der Mutter und einen inneren Monolog von Markus (**M25**).
- Erstellt ein farbiges Bild, das die Gefühle der Mutter, die Gefühle von Markus und die des Vaters wiedergibt (**M25**).
- Überlegt in Kleingruppen, wie sich im Laufe des Berichts das Beziehungsgefüge innerhalb der Familie verändert.
- Informiert euch über das beschriebene Krankheitsbild. Benutze dazu auch das Internet (z. B. www.wegweiser-demenz.de, Zugriff am 10.01.2012).
- Besucht mit der Klasse ein Altenheim in eurer Nähe und sprecht mit den Bewohnerinnen und Bewohnern sowie mit den Mitarbeiterinnen und Mitarbeitern.
- Ladet die Schwester einer Diakoniestation ein. Sprecht mit ihr über ihre Erfahrungen mit Demenzkranken und den Auftrag der Diakonie.
- Überlegt, was ihr euch wünscht, wenn ihr später einmal in eine ähnliche Situation wie der Vater von Markus kommen solltet.
- Erstellt ein Plakat, das Möglichkeiten aufzeigt, wie sich Markus und seine Mutter zukünftig gegenüber dem Vater verhalten könnten.

## Ideen zur Weiterarbeit

- Auseinandersetzung mit dem Leitbild der Diakonie (www.diakonie.de/Leitbild_DWEKD.pdf, Zugriff am 10.01.2012)
- Erstellen eines Plakates zum Thema „Verantwortung als Auftrag für Christen“
- Erarbeitung einer Fotoausstellung zum Thema „In Würde altern“
- Kooperation zwischen Schule und Altenheim: Gestaltung eines Nachmittags für alte Menschen in einem Altenheim

# „Mein Vater leidet an Demenz“

Nach meiner Ausbildung 2007 wurde ich im Betrieb übernommen und von Lüneburg nach Hamburg versetzt. Also musste ich zu Hause ausziehen. In Hamburg habe ich mir eine kleine Wohnung genommen und kam jedes oder jedes zweite Wochenende nach Hause. Anfang 2009 hatte ich zwei Wochen Urlaub und fuhr für diese Zeit zu meinen Eltern. Da ist es mir erstmals aufgefallen, dass mein Vater unter großen Gedächtnisstörungen leidet. Wir fuhren zum Einkaufen und im Supermarkt fragte mich mein Vater mehrmals, ob wir die Sachen im Einkaufswagen ausgesucht hätten. Ich sprach nach dem Einkauf mit meiner Mutter darüber, aber sie wollte es nicht wahrhaben. Sie sagte, das sei das Alter. Dabei ist mein Vater erst 57 Jahre alt.

Einige Wochen später rief mich meine Mutter besorgt an. Sie sagte mir, dass Vater sich bei uns im Dorf verlaufen habe und von einem Bekannten nach Hause gebracht wurde. Vater war das ganz peinlich. Im Sommer wurde es immer schlimmer. Im August wurde Vater aufgrund von körperlichen Beschwerden ins Krankenhaus eingeliefert. Ich nahm mir einige Tage Urlaub. Im Krankenhaus folgten einige Untersuchungen. Dieser Krankenhausaufenthalt hat meinen Vater völlig verändert. Nachdem wir ihm mehrmals sein Zimmer und den Weg dorthin gezeigt hatten, war er dennoch nicht in der Lage, sich im Krankenhaus zu orientieren. Als er von einem Arzt gefragt wurde, wusste er nicht, wie alt er ist. Auch wusste er nicht, wie spät es ist und welche Jahreszeit wir hatten. Bei einem Besuch in diesen Tagen fragte mich mein Vater, wann er nach Hause käme und gleich darauf, wann ich käme. Ich sagte ihm, dass ich doch da sei, was er mir nicht glaubte. Er sagte zu mir, ich solle die Frau mit dem Kuchen holen. Ich wusste nicht, wen er meinte. Dann wurde mir klar, dass er Besuch von meiner Mutter haben wollte. (Sie hat jedes Wochenende gebacken und dann haben wir gemeinsam Kaffee getrunken.) Dann fragte er wieder, wo er wäre und warum wir das Wohnzimmer umgeräumt hätten.

Am nächsten Tag wurde mein Vater in das psychiatrische Krankenhaus verlegt und dort dem Chefarzt vorgestellt. Zwei Tage später hatten meine Mutter und ich einen Termin beim Oberarzt. Er hat uns klar gemacht, dass mein Vater sehr stark an Demenz erkrankt ist und dass der körperliche Verfall gravierend ist. Die Wahrscheinlichkeit, dass mein Vater weiterhin mit meiner Mutter allein zu Hause wohnen kann, sei gering. Er sagte uns, dass mein Vater in der letzten Nacht nackt auf der Station herumgelaufen wäre und die Schwestern beschimpft habe. In sein Zimmer wollte er dann auch nicht, weil dort bereits jemand in seinem Bett liegen würde. Nach dem Gespräch mit dem Arzt haben wir meinen Vater besucht. Meine Mutter hatte einen Kuchen gebacken und wir haben gemeinsam Kaffee getrunken. Mein Vater dachte, dass wir im Urlaub wären und er fragte mich dauernd, wann ich das Auto holen würde, um nach Hause zu fahren. Als ich sagte, dass er im Krankenhaus ist,

wurde er aggressiv und wollte mich schlagen. Ich konnte ihn davon abhalten. Das fiel mir sehr schwer. Jetzt bin ich wieder nach Hamburg gefahren und bin erschrocken über den schnellen Verfall meines Vaters. Ich habe keine Ahnung, wie ich mit ihm beim nächsten Besuch reden soll. Der Arzt hat uns ein Pflegeheim für meinen Vater empfohlen. Wie soll ich mich ihm gegenüber verhalten? Was soll ich ihm sagen? Wie soll ich mit ihm reden?

*Markus K.*

**Beschreibe die Situation, die Markus darstellt. Versuche gemeinsam mit deinen Mitschülerinnen und Mitschülern eine Antwort auf die abschließenden Fragen im Text zu finden.**

# Hiob – eine Leidensgestalt

## Jahrgang 9/10

Das Bild „Hiob" (1944) von Francis Gruber (1912–1948) bietet sich als Heranführung an die biblische Sprachform der Klage und deren Transformation in die Lebenswelt der Schülerinnen und Schüler an. Vielleicht können einige Schülerinnen und Schüler den Begriff „Hiobsbotschaft" erklären. Den meisten Jugendlichen werden weder der Fall Hiob (biblische Gestalt) noch das Hiob-Problem (Warum-Frage/Gottesfrage angesichts des Leidens) bekannt oder gegenwärtig sein. Aus diesem Grund gilt es in die Situation des biblischen Hiob auf eine Weise einzuführen, die die Empathiefähigkeit der Schülerinnen und Schüler schult und es ihnen ermöglicht, Verbindungen zu ihrer eigenen Lebenswelt zu entdecken und zu gestalten.

Das Bild „Hiob" (**M26**) zeigt eine nackte, schutzlose männliche Gestalt, die, gestützt auf ein übergeschlagenes Bein, auf einem Hocker sitzt. Die Haltung erinnert an die Skulpturen des „Denkers" von Auguste Rodin (z. B. www.musee-rodin.fr, Zugriff am 09.01.2012); jedoch fehlt dem Hiob die Stärke und Kraft des Denkers, er wirkt kraftlos und zerbrechlich. Vor ihm liegt auf dem Boden ein Briefbogen, dessen Bedeutung sich nicht sofort aus der Szenerie erschließt. Im Hintergrund ist ein grüner, kreuzförmig angeordneter Bretterverschlag zu erkennen, der Einblick gewährt auf andere ärmlich wirkende, teils zerstörte Häuser. Der Grund für die desolate Situation des Hiob bleibt ungeklärt.

Vor der Bildarbeit ist eine grundlegende Auseinandersetzung mit der Rahmenerzählung des Hiobbuches erforderlich. Um im Unterricht die o.a. Kompetenz zu fördern, empfiehlt sich ein performativer Zugang, der Methoden wie das Texttheater (siehe: www.member.uni-oldenburg.de/hilbert.meyer/download/Thex theater_20032.pdf, Zugriff am 09.01.2012) einsetzt. Einleitend werden die Schülerinnen und Schüler in zwei Gruppen eingeteilt: Hiob bzw. die Freunde Hiobs. Die erste Gruppe befasst sich mit einer Auswahl der biblischen Klage Hiobs (z. B. Hiob 1, 20–21; 2, 10b; 3,1–3; 3,11–13; 3,24–26; 9,21–23; 9, 29; 9,32; 21,7; 30,20–21; 31,35–36). Die zweite Gruppe erhält Aussagen der Freunde Hiobs: Eliphas, Bildad und Zophar (z. B. Hiob 4,7–9; 5,17–18; 8,3–6; 11,7–8; 18,4–5; 22,13; 22,21–22; 22,29; 25,2–4). Beide Gruppen erstellen jeweils getrennt ein Texttheaterstück, das sie einander vorstellen und im Anschluss zu einem gemeinsamen Stück zusammenfügen. Durch dieses Vorgehen wird die Klage Hiobs intensiviert und entsprechend von den Schülerinnen und Schülern wahrgenommen.

Im nächsten Schritt wird das Bild „Hiob" (**M26**) von Francis Gruber betrachtet. Die Arbeit mit dem Bild bietet den Schülerinnen und Schülern in Ergänzung zum Texttheater die Möglichkeit, die Haltung und somit die Perspektive einer weiteren leidenden Figur zu erproben und sie mit eigenen lebensweltlichen Erfahrungen zu verknüpfen. Dazu ist es zunächst wichtig, den Schülerinnen und Schülern Raum zum Nachstellen der Haltung, Mimik, Gestik zu geben und der Figur mit Hilfe der Methode des

‚Doppelns' die eigene Stimme zu leihen. (Nach einer Betrachtungszeit werden die Zuschauenden gebeten, zu den darstellenden Personen zu gehen, sie zu berühren und Gedanken, Gefühle, Empfindungen, Fragen zu äußern, die ihrer Meinung nach zu der Darstellung passen oder sie interpretieren). Erfahrungsgemäß werden die Schülerinnen und Schüler eigene Klageworte formulieren. Ebenso werden sie auf die im Texttheater genutzten biblischen Klageworte Hiobs zurückgreifen.

In einem abschließenden Unterrichtsgespräch ist zu reflektieren, inwieweit der Prozess vom Texttheater zur Bildarbeit sowohl die Sprachkompetenz als auch die theologische Kompetenz der Schülerinnen und Schüler erweitert hat.

Derart sensibilisiert für fremde und eigene Leidsituationen gilt es im weiteren Unterrichtsprozess den Fall Hiob, der ein gutes Ende nimmt, und das Hiob-Problem (Gottesfrage angesichts des Leidens) zu unterscheiden und zu trennen (Vertiefende Literatur: Ebach, Jürgen: Streiten mit Gott: Hiob, Teil 1: Hiob 1–20, Neukirchen-Vluyn 1995; Teil 2: Hiob 21–42, Neukirchen-Vluyn 1996). Ausgehend von der Beleuchtung der existenziellen Situation des Leidenden und deren kreativ-erfahrungsbezogenen Verarbeitung sollte das theologische Problem der Theodizeefrage explizit erarbeitet werden.

## Fragen und Impulse

- Erstellt ein Texttheaterstück in zwei Gruppen. Gruppe 1: Hiobs Klage; Gruppe 2: Hiobs Freunde.
- Stellt einander eure Ergebnisse vor und fügt sie zu einer Inszenierung zusammen.
- Seht euch das Bild „Hiob" (**M26**) von Francis Gruber genau an. Geht bei der Betrachtung des Bildes nach folgendem Schema vor: Ich sehe …, Ich fühle …, Ich denke …
- Stellt die Haltung, die Gestik, die Mimik des Mannes möglichst genau nach. Nutzt die Methode des Doppelns, um euch in die Situation des Mannes einzufühlen. Äußert in der Ich-Form dessen Gedanken, Gefühle und Wünsche.
- Reflektiert im Unterrichtsgespräch das Verhältnis zwischen eigenen und (ggf. geliehenen) biblischen Klageworten.
- Informiert euch über das biblische Buch Hiob. Unterscheidet den Fall Hiob, der ein gutes Ende nimmt, und das Hiob-Problem.
- Wie würdet ihr Hiobs Problem in eigenen Worten formulieren?
- Stellt Hiobs Problem in einem Standbild dar.

## Ideen zur Weiterarbeit

- Vermutungen über den Inhalt des Briefes auf dem Bild von Francis Gruber (**M26**)
- Erstellen einer Collage/eines Raps zum Thema „Gott und Leid"
- Befragung einer Pastorin/eines Pastors zum Thema „Gott und Leid"
- Informationen sammeln über Epikur (341–270 v. Chr.) und dessen Antwortmöglichkeiten auf die Frage „Warum lässt Gott das Leid zu?"
- Pro- und Kontradiskussion zum Thema „Gott ist gerecht/ungerecht"

*Francis Gruber: Hiob © VG Bild-Kunst, Bonn 2012*
*Einen Link zu einer farbigen Version des Bildes finden Sie unter diesem Titel (Kompetenzorientiert unterrichten im Religionsunterricht) auf www.v-r.de*

# Psalm 139

## Jahrgang 9/10

Die Arbeit mit Psalmen im Unterricht eignet sich in besonderer Weise, um die religiöse Dimension elementarer Erfahrungen von Glück und Leiden, Krankheit und Stärke, Bedrückung und Befreiung zu erschließen und diesen Sprache zu verleihen. Darüber hinaus ist die Beziehung des Einzelnen zu Gott immer ein Thema der Psalmen. Ein erprobender Umgang mit Psalmtexten stellt elementare Lebenserfahrungen ins Verhältnis zu Gott und eignet sich im Unterricht, um bedeutsame Aspekte christlichen Glaubens nachvollziehbar zu gestalten.

Psalm 139 (**M27**) gehört zur weisheitlich-prophetischen Auseinandersetzungsliteratur. Er steht im Kontext der Psalmen 138–145, die durch ihre Überschriften David zugeschrieben wurden. In diesem Kontext ist der Psalmbeter David ein von Feinden bedrängter und verfolgter Knecht Gottes. In seiner Not setzt er auf Gott und wird gerettet. Somit bildet die messianische Geschichte den Hintergrund des Psalms.

Im Zentrum des Psalms (**M27**) steht das Verhältnis von Gott und Mensch. Gott wird ein absolutes Wissen zugeschrieben, ein Erkennen, das grenzenlos ist. In der hebräischen Sprache umschreibt „Erkennen" nicht nur Wissen und Wahrnehmen. Ebenso steht das Verb für Nähe, Vertrautheit und Begegnung. Erkennen setzt damit interessiertes Mitsein, Anteilnahme, Fürsorge und liebevolles Begleiten voraus (Vgl. dazu Schneider-Flume, Gunda: Glaubenserfahrung in den Psalmen. Leben in der Geschichte mit Gott. Göttingen 1998, 144).

Schülerinnen und Schüler des 9. und 10. Schuljahrganges befinden sich in der Entwicklung vom Kind zum Erwachsenen. Sie stellen sich die Frage, wer sie sind, wer sie sein möchten und wie sie von Mitmenschen gesehen werden. Sie sind auf der Suche nach einer neuen und verlässlichen Identität. Diese Suche geht mit Brüchen und Konflikten einher. In dieser Phase benötigen sie Begleiterinnen und Begleiter, die sie mit ihren Unzulänglichkeiten und Unzufriedenheiten mit sich selbst annehmen. In einer solchen Situation kann das in Psalm 139 (**M27**) zum Ausdruck gebrachte „Erkennen" stabilisierend wirken und die Jugendlichen beim Aufbau eines neuen Verhältnisses zur Welt und zu sich selbst unterstützen.

Um eine möglichst enges Aufeinanderbezogensein von den jeweils aktuellen Lebenssituationen der Schülerinnen und Schüler und dem Kern des Psalms zu gewährleisten und damit große Interpretationsspielräume zu eröffnen, eignet sich die Methode des Texttheaters in besonderer Weise. Beim „Texttheater" handelt es sich um die Gestaltung eines vorliegenden Textes im Rahmen einer szenischen Interpretation. Dabei wird versucht, durch das Herauspicken einzelner Zitate (Wörter, Sätze oder Satzteile) und deren revueartiger Aufführung den Text kritisch oder auch zustimmend zu kommentieren. Aspekte christlichen Glaubens rücken dadurch neu in den Blick der Handelnden und der Zuschauenden.

Wörtliche Zitate müssen also so geschickt montiert (= zu einer Collage zusammengefügt) werden, dass ihre scheinbar selbstverständliche Gültigkeit hinterfragt und so Betroffenheit bei den Spielenden und den Zuschauenden hergestellt werden kann. Außerdem ermöglicht das Texttheater den Spielenden, in eine Rolle zu schlüpfen und so versteckt Zustimmung oder Ablehnung zum Inhalt auszudrücken.

Die wichtigste Spielregel lautet dabei, dass der Wortlaut der Zitate nicht verändert, wohl jedoch durch die Art und Weise seines Vortrags variiert und dadurch in der Aussage bekräftigt oder – je nach Form der Inszenierung – verfremdet oder karikiert werden soll:

- Die Zitate können monoton oder gehetzt, im Sing-Sang, mehrfach wiederholend, unterschiedlich betonend vorgetragen werden.
- Die Zitate können im Befehlston oder in Frageform, ironisch oder sarkastisch, arrogant oder naiv vorgetragen werden.
- Die von den Spielenden gewünschte Deutung der Zitate kann durch Körpersprache (z. B. Kopfnicken, ausholende Gesten der Hände, durch Hochblicken oder Niederbeugen, durch flaches Hinlegen und anderes mehr) unterstützt werden.
- Die Raum-Regie spielt eine wesentliche Rolle. Ein Gegenüber-Aufstellen der Spielenden kann Konfrontation, aber auch Dialog bedeuten; das enge Zusammenrücken kann Interessengleichheit anzeigen. Das Umzingeln eines Sprechers signalisiert Bedrohung oder Zustimmung.
- Gute Ergebnisse lassen sich dadurch erzielen, einzelne Satzteile oder Schlagworte von Chören sprechen zu lassen. Dies gibt Aussagen, die hervorgehoben werden sollen, besonderes Gewicht. Außerdem erleichtert es zurückhaltenden Schülerinnen und Schülern das aktive Mitmachen.
- Die Satzteile oder Sätze können rhythmisch gelesen werden. Ein im Walzertakt gesprochener Satz kommt völlig anders an als eine Intonation, die den Stechschritt imitiert.
- Der Vortrag kann zu einer kleinen Revue ausgestaltet werden: Ein Vorsprecher steht auf einem Tisch, ein Chor tanzt oder schreitet um den Tisch herum usw.

Wichtig ist, dass die Gruppen, die zwischen fünf und acht Personen groß sein sollten, genügend Zeit zur Vorbereitung haben. Wesentlich dabei ist, die Schülerinnen und Schüler zum Ausprobieren der theatralischen Arbeit am Text zu ermutigen. Es ist leichter etwas zu erproben, als darüber zu sprechen, wie etwas in der Praxis sein könnte. Hilfreich ist auch, wenn ein oder zwei Schülerinnen oder Schüler Regie führen und die Wirkung des Dargestellten beurteilen und Hinweise zur Veränderung geben.

Einer Präsentationsphase der Arbeitsergebnisse schließt sich immer eine Reflexionsphase an. Dabei steht die Frage im Mittelpunkt, inwieweit die gestalterische Arbeit am Text den Text, die Darstellenden und die Zuschauenden verändert hat und welche Aspekte christlichen Glaubens dadurch neu gesehen werden.

## Fragen und Impulse

- Lest zunächst Psalm 139 (**M27**) und markiert verschiedenfarbig Textstellen, die Zustimmung, Ablehnung, und Empörung auslösen und Fragen aufwerfen.
- Tauscht euch in Gruppen über eure Ergebnisse aus.
- Durchschreitet den Raum in Stille, jede/r im eigenen Tempo, ohne Kontakt zu den anderen im Raum aufzunehmen. Stellt mit

Mimik, Gestik, Körperhaltung eine Situation dar, in der jemand a) jemanden oder etwas erforscht, b) jemanden oder etwas (be-) schützt, c) etwas nicht begreift, d) jemanden begleitet. „Friert" in euren Haltungen „ein".
- Sprecht einzelne von euch markierte Verse des Psalms laut, leise, gehetzt, stotternd, zitternd, als Rap, im Takt eines Marsches …
- Bildet Gruppen (fünf bis acht Personen): Erstellt unter Anleitung eurer Lehrerin/eures Lehrers ein Texttheaterstück zu Psalm 139.
- Stellt einander eure Texttheaterstücke vor. Überlegt, welche neuen Einsichten ihr über den Text bei der theatralischen Arbeit gewonnen habt. Überlegt, was euch als Zuschauenden durch den Kopf ging und teilt es einander mit.
- Sprecht darüber, inwieweit sich die Bedeutung des Textes (das Gottesbild) durch die gestalterische Arbeit mit dem Text verändert hat.

## Ideen zur Weiterarbeit

- Exegetische Ergebnisse zum Text
- Aufführung der Texttheaterstücke in der Schulöffentlichkeit
- Vergleich der Texttheaterstücke mit anderen künstlerischen Auseinandersetzungen mit dem Psalm: z. B. Johann Sebastian Bachs „Erforsche mich, Gott, und erfahre mein Herz" (Psalm 139, Vers 23)
- Erstellen von Elfchen zum Psalm
- Erstellen von Standbildern zu einzelnen Versen des Psalms
- Vergleich des Menschenbildes des Psalms mit dem Menschenbild der modernen Reproduktionsmedizin

# Psalm 139

1 „Ein Psalm Davids, vorzusingen.“ HERR, du erforschest mich und kennest mich.
2 Ich sitze oder stehe auf, so weißt du es; du verstehst meine Gedanken von ferne.
3 Ich gehe oder liege, so bist du um mich und siehst alle meine Wege.
4 Denn siehe, es ist kein Wort auf meiner Zunge, das du, HERR, nicht schon wüsstest.
5 Von allen Seiten umgibst du mich und hältst deine Hand über mir.
6 Diese Erkenntnis ist mir zu wunderbar und zu hoch, ich kann sie nicht begreifen.
7 Wohin soll ich gehen vor deinem Geist, und wohin soll ich fliehen vor deinem Angesicht?
8 Führe ich gen Himmel, so bist du da; bettete ich mich bei den Toten, siehe, so bist du auch da.
9 Nähme ich Flügel der Morgenröte und bliebe am äußersten Meer,
10 so würde auch dort deine Hand mich führen und deine Rechte mich halten.
11 Spräche ich: Finsternis möge mich decken und Nacht statt Licht um mich sein,
12 so wäre auch Finsternis nicht finster bei dir, und die Nacht leuchtete wie der Tag. Finsternis ist wie das Licht.
13 Denn du hast meine Nieren bereitet und hast mich gebildet im Mutterleibe.
14 Ich danke dir dafür, dass ich wunderbar gemacht bin; wunderbar sind deine Werke; das erkennt meine Seele.
15 Es war dir mein Gebein nicht verborgen, als ich im Verborgenen gemacht wurde, als ich gebildet wurde unten in der Erde.
16 Deine Augen sahen mich, als ich noch nicht bereitet war, und alle Tage waren in dein Buch geschrieben, die noch werden sollten und von denen keiner da war.
17 Aber wie schwer sind für mich, Gott, deine Gedanken! Wie ist ihre Summe so groß!
18 Wollte ich sie zählen, so wären sie mehr als der Sand: Am Ende bin ich noch immer bei dir.
19 Ach Gott, wolltest du doch die Gottlosen töten! Dass doch die Blutgierigen von mir wichen!
20 Denn sie reden von dir lästerlich, und deine Feinde erheben sich mit frechem Mut.
21 Sollte ich nicht hassen, HERR, die dich hassen, und verabscheuen, die sich gegen dich erheben?
22 Ich hasse sie mit ganzem Ernst; sie sind mir zu Feinden geworden.
23 Erforsche mich, Gott, und erkenne mein Herz; prüfe mich und erkenne, wie ich's meine.
24 Und sieh, ob ich auf bösem Wege bin, und leite mich auf ewigem Wege.

*Lutherbibel, revidierter Text 1984, durchgesehene Ausgabe, © 1999 Deutsche Bibelgesellschaft, Stuttgart*

Lest Psalm 139 und erstellt in Gruppen Texttheaterstücke zum Psalm und vergleicht die jeweiligen Darstellungen des dem Psalm zugrundeliegenden Gottesbildes.

# „Das Kreuz mit der Nächstenliebe" – Die Grafik „Überlaufen" von Matthias Klemm

## Jahrgang 5/6

Die Grafik „Überlaufen" (1990) des Leipziger Künstlers Matthias Klemm bietet sich dazu an, das Gleichnis vom barmherzigen Samariter (Lk 10,25–37), das den Schülerinnen und Schülern bekannt sein sollte, in den Lebenshorizont der Jugendlichen zu rücken. Es ist geeignet, um die besondere Relevanz von Nächstenliebe in Zeiten der Vereinzelung und die damit verbundene Herausforderung der Nachfolge für die/den Einzelne/n herauszuarbeiten. (Zu bestellen beim Religionspädagogischen Zentrum in Heilsbronn, www.rpz-heilsbronn.de, Zugriff am 10.01.2012.)

Im biblischen Kontext erzählt Jesus das Gleichnis schlicht, anhand der verschiedenen Perspektiven der Figuren jedoch tiefgründig und legt damit dem fragenden Schriftgelehrten eine zentrale Aussage der Verkündigung Jesu – die tätige Nächstenliebe – in narrativer Entfaltung dar (Vgl. Koretzki, Gerd-Rüdiger/Tammeus, Rudolf (Hg.): Werkbuch Religion entdecken – verstehen – gestalten 7/8, Göttingen 2001, 15). Nächstenliebe betont a) die aktive Handlung, die b) dem Wohl des Nächsten zugewandt ist, c) begleitet wird von einer Zurückstellung der eigenen Interessen und d) keine Gegenleistung erwartet. Im biblischen Gleichnis lautet die Frage des Gesetzeslehrers zum Doppelgebot der Liebe (V. 27): Und wer ist mein Nächster? (V. 29). Diese Frage beinhaltet, dass im alltäglichen Leben, besonders im Hinblick auf Volks- oder Religionszugehörigkeit Grenzen zwischen Nächsten und weniger Nahen gezogen werden. (In Jesu Beispiel treten vier charakteristische Personen auf: Irgendein Mensch, der von Räubern überfallen wird (V. 30), ein Priester, der ihn sieht, aber vorübergeht (V. 31), ein Levit, der ihn sieht und vorübergeht (V. 32), und ein Mann aus Samarien, der ihn sieht und ihm hilft (V. 33–35)). Durch die Beispielerzählung wechselt Jesus jedoch die Fragerichtung und somit die Perspektive des Gesetzeslehrers: Wer von diesen dreien hat sich als Nächster dessen erwiesen, der von Räubern überfallen wurde? (V. 36) Dadurch ist der Nächste nicht mehr das potenzielle Opfer, sondern das auf Beziehung ausgerichtete Subjekt des Handelns. Er erweist demjenigen Nächstenliebe, der Hilfe braucht, und fragt nicht nach dessen Volks- oder Religionszugehörigkeit.

Die Grafik „Überlaufen" (**M28**) zeigt eine auf den Kopf gestellte Kreuzesgestalt, die die biblische Samariter-Geschichte neu interpretiert. Die Szenerie wird der biblischen Kulisse entnommen und in die Gegenwart verlegt: In der unteren Bildhälfte liegt eine Person in Kreuzeshaltung auf dem Kopfsteinpflaster. Der Kopf befindet sich auf einem Kanal- bzw. Gullydeckel, sodass sich als situativer Ort eine Fußgängerzone einer (deutschen) Stadt vermuten lässt. Mit der Haltung der Person verbindet sich die völlige Schutzlosigkeit; sie kann nicht schützend die Arme um den eigenen Oberkörper legen, ist wehrlos ausgeliefert. In der oberen Bildhälfte dominieren über die Person laufende Beine, die große Schritte machen und vorüber gehen, ohne der am Boden liegenden Person zu helfen.

Vergleicht man diese Grafik (**M28**) mit der biblischen Geschichte, so fällt auf, dass die „Rollen“ des Opfers und der Vorübergehenden aufgenommen worden sind, während ein Samariter in diesem Bild fehlt. Demnach ist das Bild als Fragment, als Bildausschnitt, zu begreifen und die dargestellte Szene soll die Frage „Wird der Samariter noch erscheinen?“ (Werkbuch Religion entdecken – verstehen – gestalten 7/8, a.a.O., S. 22.) evozieren.

Um im Unterricht die o.a. Kompetenz zu fördern, bietet sich das In-Szene-Setzen der Grafik „Überlaufen“ (**M28**) von Matthias Klemm an: Ziele sind dabei einerseits die Sensibilisierung für menschliches Leid und Parteinahme für den Schwachen, andererseits der Perspektivenwechsel von der Identifikation mit dem Opfer zum liebenden und handelnden Subjekt. Ausgangspunkt der zu gestaltenden Szene ist die Vervollständigung des Fragments zur Szene durch Bewegung. Bei der Inszenierung handelt es sich um ein „flüssiges Standbild“: Jede/r Schüler/in findet ihren/seinen Platz eigenständig, sodass sich nach und nach im Raum ein Standbild aufbaut, an dem alle Schülerinnen und Schüler aktiv leiblich beteiligt sind. Gut eignet sich zum Erstellen/Nachstellen des Bildes das Durchschreiten und das Wahrnehmen des Raumes in Stille. So ist es den Schülerinnen und Schülern möglich, sich vollends auf die Charaktere, die sie darstellen sollen, einzulassen. Sie werden zu Stellvertretern und es fällt ihnen leichter, im Standbild in eine fremde Rolle zu schlüpfen, sich über die Gedanken und Gefühle der von ihnen dargestellten Personen zu äußern, da ihre eigene Persönlichkeit sich hinter der von ihnen verkörperten Rolle ebenso zeigen wie „verstecken“ kann.

Um Parallelen ziehen zu können zwischen Jesus und dem Obdachlosen, ist es möglich, mit dem Spruch „Ich habe keine anderen Hände als die euren“ (z.B. auf einer Pappkarte, die der am Boden liegenden Person auf die Arme gelegt werden kann) zu arbeiten. Er entstammt einem Kruzifix in St. Ludgeri, Münster, das am 30. September 1944 beschädigt und dem statt der körperlichen nun „sprachliche Arme der Nachfolge“ in Gestalt dieses Schriftzuges eingefügt worden sind (Biehl, Peter: Symbole geben zu lernen I, Einführung in die Symboldidaktik anhand der Symbole Hand, Haus und Weg, Neukirchen-Vluyn 1989, 237). Dieser Satz impliziert, dass sich Gott zwar an seinem Kreuz finden lässt, dass er aber unserer helfenden Hände bedarf, um sichtbar zu werden. Zur Vertiefung wird der Spruch „Ich habe keine anderen Hände als die euren, mit denen …/ um …“ an die Tafel geschrieben. Die Schülerinnen und Schüler erhalten die Aufgabe, ihn schriftlich zu vervollständigen.

## Fragen und Impulse

- Seht euch die Grafik „Überlaufen“ (**M28**) von Matthias Klemm genau an. Geht bei der Betrachtung des Bildausschnitts nach folgendem Schema vor: Ich sehe …, Ich fühle …, Ich denke …
- Beschreibt die Szenerie um den Ausschnitt herum: Wo könnte sich die dargestellte Situation ereignen?
- Worin seht ihr die Zusammenhänge zum Gleichnis vom barmherzigen Samariter?
- Bestimmt folgende Rollen für die Inszenierung der Grafik: die am Boden liegende Person, zwei Überlaufende, ein/e Beobachter/in.
- Bewegt euch durch den Raum und stellt das Bild nach: Es beginnt die Person, die sich auf den Boden (auf eine Decke) legt, es folgen die Überlaufenden – abschließend positionieren sich alle restlichen Schülerinnen und Schüler zum Geschehenen und finden eine Haltung und eine Gestik. Friert ein –

d. h. erstarrt in euren Rollen und haltet die Körperspannung!

- Der Beobachter positioniert sich am Rande des Geschehens.
- Lasst euch in euren eingefrorenen Haltungen nach euren Gefühlen fragen und äußert diese.
- Ihr hört/lest den Spruch „Ich habe keine anderen Hände als die euren" in eurer eingefrorenen Haltung. Äußert euch spontan dazu.
- Verändert evtl. eure Position im Raum und passt sie der veränderten Stimmung an.
- Die/Der Beobachter/in kommentiert und verändert evtl. das entstandene Bild, sodass die veränderte Stimmung zum Ausdruck kommt.
- Streift eure Rollen ab.
- Gebt der neuen Szene/dem Schlussbild einen Titel.

## Ideen zur Weiterarbeit

- Informationen sammeln über Obdachlosenarbeit in der Region
- Einladung einer Mitarbeiterin/eines Mitarbeiters einer Tafel
- Initiation eines Projektes zur Obdachlosenunterstützung
- Projekt: Lebensformen von Armut in Deutschland und in anderen Ländern
- Auseinandersetzung mit der Frage: Was ist barmherzig?
- Vergleich mit ähnlichen Weisungen anderer Religionen

*Matthias Klemm: Überlaufen, Leipzig 1990*
*© Matthias Klemm*

# Gestaltung eines Kreuzweges

## Jahrgang 9/10

Das Thema „Passion und Ostern" ist zentral für den Religionsunterricht. Beim genauen Durchsehen der Erzählungen vom Leiden und Sterben Jesu in den Evangelien wird deutlich, dass hier von einem Gott die Rede ist, der sich nicht vom menschlichen Leid distanziert, weil er selbst leidet. So wird die Passion Jesu im Kontext des Wissens um das Leid der Welt bzw. im Kontext des Leides im persönlichen Leben existenziell. Hier zeigt sich ein Gott, der Jesus nicht im Scheitern belässt und damit dem menschlichen Leid die Perspektive der Hoffnung hinzufügt. So kann die Auseinandersetzung mit Jesu Leid und Tod und menschlichem Leid und Tod erst im Lichte von Ostern ertragen werden.

Kreuzwege haben im religiösen Leben der Christen in Jerusalem eine lange Tradition. Sie entstammen dem religiösen Volksbrauch. Bereits im Altertum machten sich Menschen immer wieder auf den Weg, um betend und singend die Orte des Leidens und Sterbens Jesu nachzugehen. Kreuzfahrer nahmen an diesen Prozessionen teil und brachten diese Tradition mit ins Abendland. In Zeiten des Barock, die insgesamt zu dramatischen Inszenierungen neigten, entstanden Kreuzwege unter freiem Himmel. Dazu wurde die Landschaft christlich überformt. Die Gläubigen sollten beim Aufstieg auf einen Hügel den Gang Jesu nach Golgota (auch: Golgatha oder Golgotha) nachempfinden können. Diese sehr demonstrative Bildhaftigkeit führte im Protestantismus zur Ablehnung dieser Tradition und zur Entwicklung stärker textzentrierter Formen der Passionsandacht.

Als gemeinsames christliches Erbe wurde der Kreuzweg in den letzten Jahrzehnten konfessionsübergreifend wiederentdeckt. Hierfür steht insbesondere der ökumenische Kreuzweg der Jugend, den es seit 1958 gibt. Er gehört heute zu den größten ökumenischen Jugendaktionen und wird traditionell am Freitag vor Palmsonntag bundesweit von rund 60.000 jungen Christinnen und Christen gebetet. Im Jahr 2010 zeigt der Kreuzweg Bilder aus dem Leben junger Menschen und deren Deutungen der Worte Jesu am Kreuz. Er entstand in Zusammenarbeit mit der ökumenischen Gemeinschaft von Taizé.

Die vorgeschlagene Gestaltung eines Kreuzweges (**M29**) geht davon aus, dass das Verständnis für fremdes Leiden nur auf der Basis eigener Erfahrungen möglich ist. Daher eröffnet die Verknüpfung von Bibelworten mit heutigen Leidenserfahrungen eine besondere didaktische Chance. In der Regel knüpfen Schülerinnen und Schüler hierbei an eigenen Erfahrungen an. Neben einem „neuen" Kennenlernen der Passionsgeschichte findet eine Auseinandersetzung mit Erfahrungen der Ungerechtigkeit und des Leides statt. Dieses kann nur gelingen, wenn eine möglichst große Offenheit innerhalb der Klasse gegeben ist. Wichtig ist, dass die Unterrichtenden die Schülerinnen und Schüler ermutigen, eigene Erfahrungen in die Gestaltung einfließen zu lassen. Ebenso muss es aber auch möglich sein, den Blick auf das Leid anderer Menschen zu richten und sich dadurch zu distanzieren.

Bei der Gestaltung der 14 Kreuzwegstationen (ggf. sind diese zu reduzieren) können die angefügten Satzanfänge „Wir denken an alle …" den Schülerinnen und Schülern Denkanstöße zur Erstellung der Collagen geben. Ebenso denkbar sind die Formulierung von Assoziationsketten sowie eigenen Texten, die in oben beschriebener Weise umgesetzt werden.

Die angefügten „Ideen zur Weiterarbeit" geben Hinweise auf mögliche Schritte der Auseinandersetzung mit den Schülerarbeiten. Nach einer Vorstellung, Reflexion und Würdigung der Schülerarbeiten ist das Thema der Auferstehung Jesu im Unterricht aufzugreifen. Da Kreuz und Auferstehung im Christentum immer zusammen zu denken sind, sind die Arbeiten der Schülerinnen und Schüler abschließend unter dieser Perspektive zu betrachten.

## Ideen zur Weiterarbeit

- Präsentation der Kreuzwegstationen als Ausstellung in der Schule
- Schreibgespräch zu den gestalteten Kreuzwegstationen
- Vertonung der einzelnen Kreuzwegstationen mit Orff-Instrumenten
- Verständigung über einen thematischen Schwerpunkt, der sich aus den Kreuzwegstationen ergibt und der im Unterricht vertiefend behandelt wird
- Information über den „Ökumenischen Kreuzweg der Jugend" im Internet

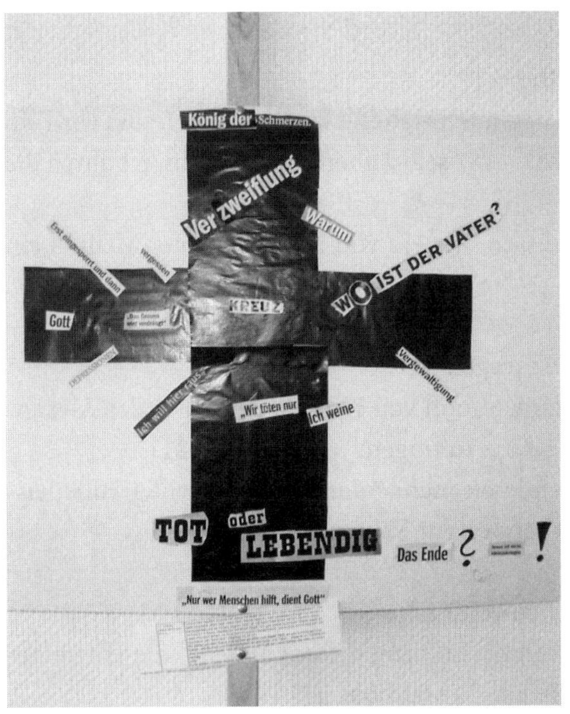

# Kreuzwegstationen mit Bibelworten und Gebetstexten

**1. Station: Jesus wird zum Tode verurteilt**
„Pilatus ließ, um die Menge zufrieden zu stellen, Barabbas frei und gab den Befehl, Jesus zu geißeln und zu kreuzigen." (Markus 15, 15)
Wir denken an alle Menschen, die verleumdet, verurteilt, abgeschrieben, ausgegrenzt werden …

**2. Station: Jesus nimmt das Kreuz auf seine Schultern**
„Er trug sein Kreuz und ging hinaus zur so genannten Schädelhöhe, die auf hebräisch Golgota heißt." (Johannes 19, 17)
Wir denken an unsere Brüder und Schwestern, die um des Glaubens willen verfolgt werden, und an alle Menschen, die in ihrem Leben schwere Lasten tragen müssen: Krankheit, Behinderung, schwierige Familiensituation, Arbeitslosigkeit, Konflikte am Arbeitsplatz …

**3. Station: Jesus fällt zum ersten Mal unter dem Kreuz**
„Als ich stürzte, lachten sie … Sie verhöhnten und verspotten mich, knirschen gegen mich mit den Zähnen" (Psalm 35, 16)
Wir denken an die Menschen, die in ihrem Leben eine Niederlage erlitten haben und sich dafür schämen …

**4. Station: Jesus begegnet seiner Mutter**
Die Worte des alten Simeon an Maria beginnen wahr zu werden: „Er (Jesus) wird ein Zeichen sein, dem widersprochen wird … Dir selbst aber wird ein Schwert durch die Seele dringen ." (Lukas 2, 34–35)
Wir denken an alle, die zuschauen müssen, wie ein von ihnen geliebter Mensch ein schweres Schicksal erleidet…

**5. Station: Simon hilft Jesus das Kreuz tragen**
„Einen Mann, der gerade vom Feld kam, Simon von Kyrene, den Vater des Alexander und des Rufus, zwangen sie, sein Kreuz zu tragen." (Markus 15, 21)
Wir denken an alle, die wie Simon anderen mehr oder wenig freiwillig Hilfe leisten …, vor allem auch an die, die Sterbenden zur Seite gestellt sind.

**6. Station: Veronika reicht Jesus das Schweißtuch**
„Selig die Barmherzigen, denn sie werden Erbarmen finden. Selig, die ein reines Herz haben; denn sie werden Gott schauen." (Matthäus 5, 7–8)

Wir denken an alle, die vor der Not des Nächsten nicht davonlaufen, sondern ihm mit dem, was sie gerade haben, helfen – und so (wie Veronika in der Legende) das Angesicht Gottes finden …

**7. Station: Jesus fällt zum zweiten Mal unter dem Kreuz**
„Ich aber bin ein Wurm und kein Mensch, der Leute Spott, vom Volk verachtet. Alle, die mich sehen, verlachen mich, verziehen die Lippen, schütteln den Kopf." (Psalm 22, 7–8)
Wir denken an alle, denen nichts heilig zu sein scheint, und die Spötter, die sich an den Schwächen anderer weiden …

**8. Station: Jesus begegnet den weinenden Frauen**
„Es folgte eine große Menschenmenge, darunter auch Frauen, die um ihn klagten und weinten. Jesus wandte sich zu ihnen um und sagte: Ihr Frauen von Jerusalem, weint nicht über mich: weint über euch und eure Kinder!" (Lukas 22, 27–28)
Wir denken an alle Kinder, Frauen und Männer, die in einem Land leben müssen, das unter Krieg und Terror leidet …

**9. Station: Jesus fällt zum dritten Mal unter dem Kreuz**
„Zum Spott geworden bin ich all meinen Feinden, ein Hohn der Nachbarn, ein Schrecken den Freunden; wer mich auf der Straße sieht, der flieht vor mir." (Psalm 31, 12)
Wir denken an alle, die niedergedrückt sind und sich von Verwandten, Nachbarn und Freunden verlassen fühlen …

**10. Station: Jesus wird seiner Kleider beraubt**
„Man kann all meine Knochen zählen; sie gaffen und weiden sich an mir." (Psalm 22, 18)
Wir denken an alle, die Opfer von Indiskretion und Neugier geworden sind, und an alle Unverschämten, die andere bloßstellen …

**11. Station: Jesus wird ans Kreuz genagelt**
„Sie kamen zur Schädelhöhe; dort kreuzigten sie ihn und die Verbrecher, den einen rechts von ihm, den anderen links. Jesus aber betete: Vater, vergib ihnen, denn sie wissen nicht, was sie tun." (Lukas 23, 33–34)
Wir denken an alle, die nach dem Vorbild Jesu ihren Feinden verzeihen können, und an alle, denen Kraft zu vergeben fehlt …

**12. Station: Jesus stirbt am Kreuz**
„Und in der neunten Stunde rief Jesus mit lauter Stimme: Eli, Eli, lama asabtani, das heißt übersetzt: Mein Gott, mein Gott, warum hast du mich verlassen? Einige von denen, die dabeistanden und es hörten, sagten: Hört, er ruft nach Elija! Einer lief hin, tauchte einen Schwamm in Essig, steckte ihn auf einen Stock und gab Jesus zu trinken. Dabei sagte er: Lasst uns doch sehen, ob Elija kommt und ihn herabnimmt. Jesus aber schrie laut auf. Dann hauchte er den Geist aus." (Markus 15, 34–37)

Wir stehen vor dem Kreuz und denken an alles Leid dieser Welt, an alle Schmerzen und Tränen, alle Bosheit und Gleichgültigkeit, an alle Opfer und Täter …

**13. Station: Jesus wird vom Kreuz genommen**

„Josef aus Arimathäa war ein Jünger Jesu, aber aus Furcht vor den Juden nur heimlich. Er bat Pilatus, den Leichnam Jesu abnehmen zu dürfen, und Pilatus erlaubte es. Also kam er und nahm den Leichnam ab." (Johannes 19, 38)
Wir denken an alle Menschen, denen es wie Josef aus Arimathräa schwer fällt, zu ihrem Glauben und ihrer Überzeugung zu stehen, die sich aber bemühen, treu zu sein …

**14. Station: Der Leichnam Jesu wird ins Grab gelegt**

„Es kam auch Nikodemus, der früher einmal Jesus bei Nacht aufgesucht hatte. Er brachte eine Mischung aus Myrthe und Aloe, etwa hundert Pfund. Sie nahmen den Leichnam Jesu und umwickelten ihn mit Leinenbinden, zusammen mit den wohlriechenden Salben, wie es beim jüdischen Begräbnis Sitte ist. An dem Ort, wo man ihn gekreuzigt hatte, war ein Garten und in dem Garten war ein neues Grab, in dem noch niemand bestattet worden war. Wegen des Festtages der Juden und weil das Grab in der Nähe lag, setzten sie Jesus dort bei." (Johannes 19, 39–42)
Wir denken an alle, die vor den Gräbern ihrer Lieben stehen – mit einem verwundeten Herzen und vielen offenen Fragen …

© *Karl Veitschegger*

Gestaltet in der Klasse einen Kreuzweg, indem ihr in Gruppen auf Plakatkarton Collagen zu den 14 Kreuzwegstationen herstellt. Verwendet als Ideengeber den Text. Schreibt ihn ggf. um. Heftet im Anschluss die Collagen auf einen Holzstab, so dass eine Kreuzform entsteht (siehe Bilder). Verseht die einzelnen Collagen am unteren Ende mit den beigefügten bzw. geänderten Textausschnitten. Stellt in der Klasse eure Kreuzwegstationen vor.

# „Die gekrümmte Frau“ (Lk 13,10–13) – Jesus schafft Beziehungen

## Jahrgang 7/8

Obwohl Kindern und Jugendlichen Wunder aus Fantasiegeschichten und -filmen nicht fremd sind, stehen sie biblischen Wundergeschichten skeptisch gegenüber. Worum es in diesen Texten geht, nehmen die Jugendlichen meist überhaupt nicht wahr. Ihre Analyseelemente (physikalisches, biochemisches und medizinisches Grundwissen) stehen einer sachangemessenen Auseinandersetzung entgegen. Daher ist ein rein kognitiver Zugang kontraproduktiv. Didaktisch sinnvoller ist ein ästhetisch-künstlerischer Zugang, der die eigene Wahrnehmung biblischer Wundergeschichten verändert und Bezüge zur eigenen Lebenswelt erkennbar werden lässt.

Der Holzschnitt „Die gekrümmte Frau“ (**M30**) von Sigmunda May bietet sich als Einstiegsmedium in die biblische Heilungsgeschichte (Lk 13, 10–17) an. Er gestaltet kontrastreich die Heilung der Gekrümmten: Die gekrümmte Frau steht zwar abseits der Menge, wird jedoch durch die Kreuzbewegung, die Jesus mit seinen Armen vollzieht, mit der staunenden Menge verbunden. Auffällig ist, welchen Blick die Künstlerin auf die biblische Geschichte wirft: Die von ihr gezeichnete Menge nimmt in der biblischen Heilungsgeschichte keinen großen Raum ein. Im Bild liegt der sozialgeschichtliche Akzent darauf, dass Jesus nicht nur Krankheit heilt, befreit und von Fesseln löst, sondern damit verbunden auch (getrennte) Beziehungen stiftet. Heilung wird hier also in einem umfassenden Sinne betrachtet: als Befreiung von körperlichem/leiblichem Leid, als Befreiung von sozialer Kälte und Ausgrenzung sowie als Aufhebung der Entfremdung des Menschen von sich selbst, von seinem Mitmenschen und von Gott.

Für die unterrichtliche Gestaltung bietet es sich an, den Holzschnitt (**M30**) groß zu kopieren und in drei Teile zu zerschneiden (Frau, Menge, Jesus). Sukzessive können nun die drei Bildteile erschlossen und nachgestellt werden, den Figuren durch die Methode des ‚Doppelns‘ Stimmen geliehen werden. Nach einer Betrachtungszeit werden die Zuschauenden gebeten, zu den darstellenden Personen zu gehen, sie zu berühren und Gedanken, Gefühle, Empfindungen, Fragen zu äußern, die ihrer Meinung nach zu der Darstellung passen oder sie interpretieren und die Bildteile zueinander in Beziehung gesetzt werden.

Die Schülerinnen und Schüler erarbeiten im Zuge des szenischen Nachstellens der Figuren auf dem Bild und seiner kreativen Fortführung, wie Gekrümmte aufgerichtet und wie Menschen in der Geste des Überkreuzens durch und in Christus miteinander verbunden werden. Durch diese kreative Gestaltung können verschiedene Dimensionen von Heilung nachvollzogen werden. Die Inszenierungen bieten die Möglichkeit, sich mit den unterschiedlichen Figuren ganz individuell auseinanderzusetzen, sie probeweise zu spielen, eigene Resonanzen zu spüren und in veränderten Haltungen zum Ausdruck zu bringen. Nicht nur die gekrümmte Frau und die Umstehenden werden leibhaftig erkannt, sondern auch das, was Jesus mit seiner Geste erwirkt, wird im Prozess fassbar. Der Christus wird als Mensch wahrgenommen und so wird auch deutlich, was Nachfolge praktisch bedeuten kann: die Aufforderung Jesu an die Menschen, „Kranke" als vollwertig wahrzunehmen und ihnen zu helfen, ein integrativer Teil einer umfassenden Gesellschaft zu werden. Indem die im Anschluss zu erzählende biblische Geschichte (**M31**) durch diesen Inszenierungs-Prozess einen Erfahrungs-Stellenwert für das eigene Leben bekommt, wird die inhaltsbezogene Kompetenz (Aufforderung zur Nachfolge und deren Bedeutung für den Einzelnen) in besonderer Weise gefördert.

Um den Prozess der Inszenierungen zu vertiefen und zu reflektieren, bekommen die Schülerinnen und Schüler nach dem Austausch über die biblische Geschichte (**M31**) eine Sprech- oder Gedankenblase (**M32**). Ziel dieser Einzelarbeit ist es, sich in eine Figur nach Wahl (Frau/Umstehender/Jesus) hineinzuversetzen und deren Gedanken, Gefühle und Wünsche *nach* der Heilung der Frau zu imaginieren. Die Formulierungen können für die Folgeszene (Jesus verbindet, kann zurücktreten und bahnt damit eine Annäherung zwischen der Frau und der Menge an) genutzt werden, um Veränderungen in der Beziehungskonstellation zu thematisieren.

Im Sinne des Spiralcurriculums findet sich eine Weiterführung im Baustein „Mein Vater leidet an Demenz" für die Klassenstufen 9/10.

Hinweis: Eine ausführliche Beschreibung der performativen Unterrichtsgestaltung: Jeannette Eickmann: Vom Rand der Gesellschaft mitten ins Leben hinein. Performative Impulse zu diakonischem Lernen (8. Kl./RS), in: Klie, Thomas/Leonhard, Silke (Hg.): Performative Religionsdidaktik. Religionsästhetik – Lernorte – Unterrichtspraxis, Stuttgart 2008, 185–192.

## Fragen und Impulse

- Seht euch den ersten Bildausschnitt (Frau) von Sigmunda May (**M30**) genau an. Geht bei der Betrachtung des Bildausschnitts nach folgendem Schema vor: Ich sehe …, Ich fühle …, Ich denke …
- Stellt die Haltung, die Gestik, die Mimik der Frau möglichst genau nach. Nutzt die Methode des Doppelns, um euch in die Situation der Frau einzufühlen, und äußert deren Gedanken, Gefühle und Wünsche.
- Seht euch den zweiten Bildausschnitt (Menge) von Sigmunda May (**M30**) genau an. Setzt ihn in Bezug zur Frau, stellt die entstandene Szene nach und gebt den Figuren Stimme.
- Bildet Paare, sucht euch einen Platz im Raum und stellt die Beziehung zwischen der Frau und einer/m der Umstehenden aus der Menge nach. Tauscht die Rollen und tauscht euch über eure Erfahrungen aus.
- Betrachtet den dritten Bildausschnitt (Christusgestalt, **M30**), setzt ihn in Bezug zur Frau und zur Menge: Was verändert Jesus an der Beziehung zwischen der Frau und der Menge?
- Hört den biblischen Text (**M31**) (Lk 13, 10–13). Äußert euch spontan zum Gehörten.
- Was ist der Künstlerin an der Geschichte wichtig?
- Füllt nach Wahl eine der Sprech- oder Gedankenblasen (**M32**) nach der Heilung der Frau aus (Frau, Umstehender, Jesus).
- Erfindet eine Folgeszene: Was hat sich für die Frau verändert? Was verändert sich in der umstehenden Menge? Notiert zum Abschluss an der Tafel/in der Mappe: Welche Bedeutung hat das, was Jesus getan hat – für die Frau und für die umstehenden Menschen?

## Ideen zur Weiterarbeit

- Erarbeitung des 2. Teils der biblischen Erzählung (Lk 13,14–17) – Der Sabbat ist für den Menschen da
- Erkundung von Praxisfeldern der Diakonie vor Ort
- Vorbereitung eines Besuchs in einer diakonischen Einrichtung; Besuch und Reflexion
- Erstellen einer Diakonielandkarte der Umgebung
- Pro- und Kontra-Diskussion: Sollte ein Sozialpraktikum Pflichtbaustein in der Sekundarstufe I sein?

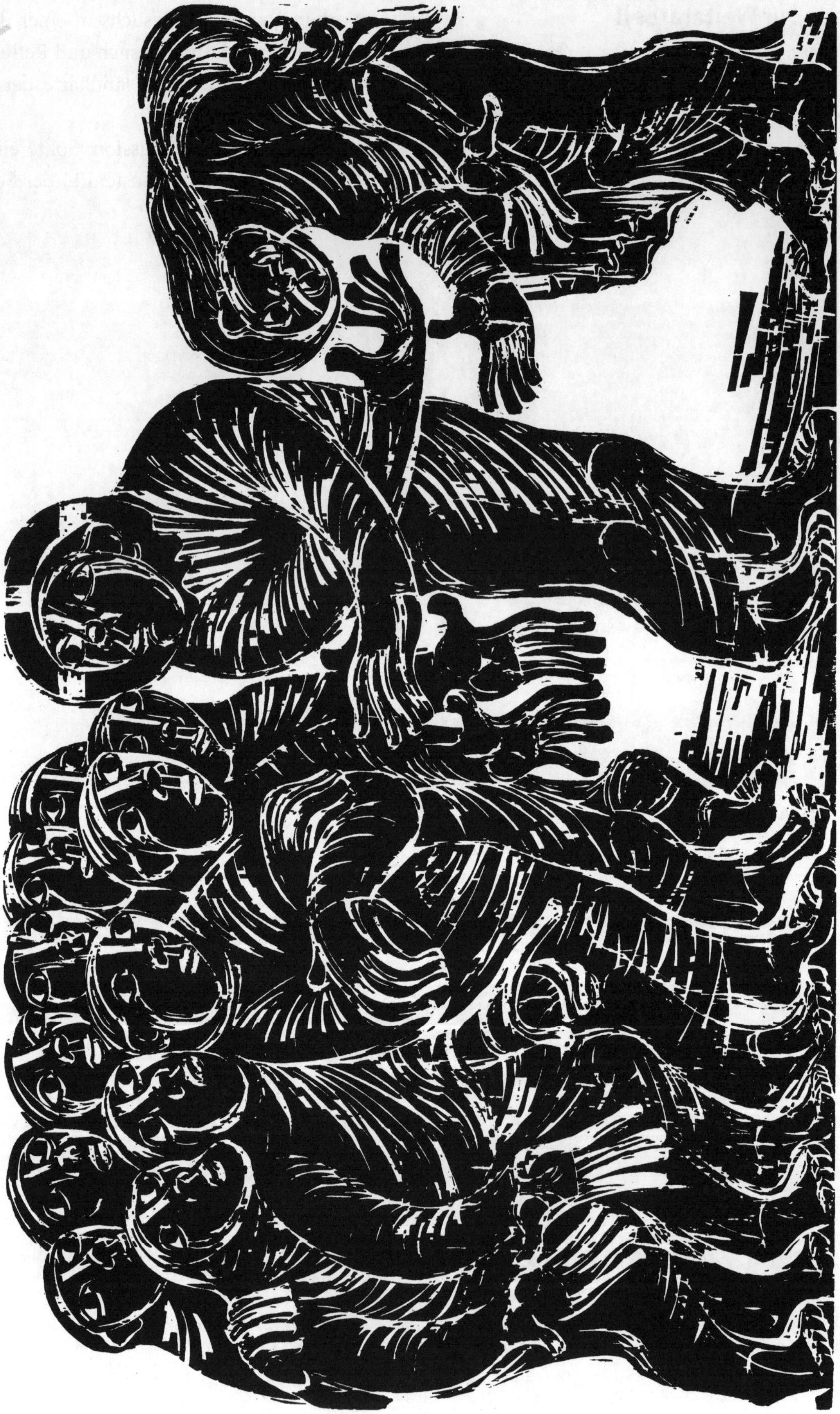

*Sr. M. Sigmunda May: Die gekrümmte Frau, Kloster Sießen, © VG Bild-Kunst, Bonn 2012*

# Erzählung von der gekrümmten Frau

Stellt euch vor, es ist Sabbat, es ist ein Feiertag, ein Ruhetag. Niemand geht seiner Arbeit nach. Es ist Tag. Jesus ist in einer Synagoge, in einem jüdischen Gebetshaus. Er liest aus der heiligen Schrift, aus der Tora vor. Genau so, wie er das ganz häufig tut.

Ganz hinten in der Synagoge sitzt auch eine Frau. Das ist sehr mutig von ihr, denn eigentlich haben Frauen nichts zu suchen in dem Gotteshaus. Sie fällt auf. Diese Frau ist von ihrer Arbeit, von ihrem Leben, ganz krumm geworden. Sie kann nicht mehr gerade gehen, nicht mehr gerade stehen.

Die meisten Menschen sind ihr fremd, sie wollen nichts mir ihr zu tun haben, weil sie so anders aussieht. Weil sie so krumm ist, kann sie den anderen Menschen auch gar nicht ins Gesicht schauen. Wie gerne würde sie das können: hinsehen, wie die anderen sie angucken. Und wie gerne würde sie beachtet werden. Aber die meisten weisen sie ab und zeigen nur mit dem Finger auf sie. Es ist für sie so, als wenn irgendjemand oder irgendetwas sie niedergedrückt halten würde – und das schon seit 18 Jahren. Seit 18 Jahren!

Plötzlich sieht Jesus diese Frau. ER ruft sie zu sich – wirklich, er ruft sie zu sich. Die Frau steht mühsam auf und bewegt sich zu ihm. Jesus wartet geduldig, bis sie da ist. Dann spricht er zu ihr: „Frau, sei gelöst von allem, was dich niederdrückt. Geh wieder aufrecht!" Und er berührt sie mit seinen Händen und gibt ihr so neue Kraft. Die Frau kann es gar nicht glauben, dass Jesus sich IHR zuwendet. Und so streckt sie sich, noch etwas ängstlich, ganz langsam und vorsichtig. Aber tatsächlich: Es geht, sie richtet sich auf und kann wieder ganz aufrecht stehen! Sie kann es gar nicht fassen. Ihr geht so vieles durch den Kopf. Sie will Gott und Jesus danken für das, was da gerade mit ihr passiert ist.

*Nach Lk 13, 10–13*

Wähle eine Person aus: Frau/Umstehender/Jesus

Schreibe in die Sprech-/Gedankenblase, was in der Person nach der Heilung vorgeht:

- Was denkt sie?
- Was fühlt sie?
- Was wünscht sie sich?